海外置业
投资一本通

李晨 / 著

OVERSEAS
PROPERTY BUYERS

中国铁道出版社有限公司
CHINA RAILWAY PUBLISHING HOUSE CO., LTD.

图书在版编目（CIP）数据

海外置业投资一本通 / 李晨著 . —北京：中国铁道
出版社，2019.6
ISBN 978-7-113-25492-6

Ⅰ . ①海… Ⅱ . ①李… Ⅲ . ①房地产市场－介绍－世界
Ⅳ . ① F293.35

中国版本图书馆 CIP 数据核字（2019）第 027297 号

书　　名：**海外置业投资一本通**
作　　者：李晨　著

责任编辑：张亚慧　　　　　　　读者热线电话：010-63560056
责任印制：赵星辰　　　　　　　封面设计：**MXK** DESIGN STUDIO

出版发行：中国铁道出版社有限公司（100054，北京市西城区右安门西街 8 号）
印　　刷：三河市宏盛印务有限公司
版　　次：2019 年 6 月第 1 版　　2019 年 6 月第 1 次印刷
开　　本：700 mm×1 000 mm　　1/16　　印张：12.75　　字数：175 千
书　　号：ISBN 978-7-113-25492-6
定　　价：49.00 元

Hi，你好，很高兴你能看到这本书。

近几年，随着国人越来越富裕，国家之间经济贸易文化交流日益增长，走出国门，去海外买房的人也越来越多，不管你是居住在海外的华人、留学生，期望全球化资产配置的中产阶层和高产阶层，在海外买房置业都是一个值得考虑的问题。

买房对大多数人来说是一笔巨大甚至长期的投入，需要认真仔细考虑，而海外买房，对于很多人来说更是一个充满机会、梦想、挑战的选择。

在海外买房、贷款、改建、出租这些阶段我曾经亲身经历过，并且还在"路上"前行中。所以这本书，我会以一个买家的视角，尽量客观地介绍海外主流国家——美国、加拿大、澳大利亚、英国等买房的一些流程、注意事项和技巧，分享一些自己和朋友们在海外买房中遇到的真实经历和经验。

我不是中介，只是一个在海外置业买房的普通买家，这几年在美国陆续看了100多套房子，从美国房价最贵的一线城市到被称为"鬼城"的卫星城都留下我看房的足迹。

看过老破小，也看过高大上；有公寓的、联排的、独立的，也有银行拍卖房，有需要翻新改建的房子，也有能直接入住的房子；有传统贷款方式的，也有只接受现金的；有正常中介卖的，也有屋主私人卖的。

最后我用不同的付款方式买了自住的，也买了投资的房子。

而在花费了好几千元人民币请专业的房屋检查师和数十万元人民币修补漏洞问题交了学费以后，我也学到了不少经验和吸取了不少教训，或许和我类似的新手以后可以省下这笔昂贵的学费。

同时，我也帮助过不少家人和朋友在加拿大、澳大利亚和英国买过房、置过业，解答了他们的一些问题和疑惑，也因此了解了这些国家买房的区别和一些具体情况。

在这本书里，我会从零到一，从无到有，从入门到进阶。从看房、选房、买房、交易、过户到入住装修、当房东、卖房的每一个环节都会涉及，一步步陪着你买到喜欢的房子，入住温暖的家，过上幸福的生活。

编　者
2019 年 3 月

目录 | C O N T E N T S

第 1 章　**海外买房的现状**

1.1　海外购房的规模与热门国家 / 2

1.2　海外购房的大环境与考虑因素 / 3

1.3　你是哪种海外购房买家 / 7

第 2 章　**海外买房之前，一定要先了解这些**

2.1　外国人可以在海外买房吗 / 12

2.2　美、加、澳、英住宅房地产市场的不同点
与常见误区 / 17

    2.2.1　产权性质 / 17

    2.2.2　房屋类型 / 21

    2.2.3　不动产持有成本 / 22

    2.2.4　户籍制度 / 23

    2.2.5　绿卡移民 / 23

目录 | C O N T E N T S

第 3 章

买房前的准备功课

3.1 你是否适合或需要在海外买房呢 / 26

    3.1.1 这些情况适合海外买房 / 26

    3.1.2 这种情况并不一定要在海外买房 / 28

3.2 明确自己买房的目的与用途 / 32

3.3 购房预算与资金准备 / 33

    3.3.1 打算以什么方式购买，现金还是
          贷款 / 33

    3.3.2 你能买得起多贵的房子 / 36

3.4 对于买房的时间有多急 / 38

第 4 章

海外买房的一般流程

4.1 不同地区购买新房和二手房的一般流程 / 42

    4.1.1 美国 / 42

    4.1.2 加拿大 / 45

    4.1.3 澳大利亚 / 45

    4.1.4 英国 / 47

4.2　买房路上的帮手们 / 49

　　4.2.1　中介 / 49

　　4.2.2　律师 / 52

　　4.2.3　贷款专员、贷款经纪人 / 54

第 5 章　选房与看房

5.1　常见房屋的类别 / 56

　　5.1.1　独立屋、别墅（Single Family / Detached / House） / 56

　　5.1.2　康斗、公寓、平层、复式（Condo / Apartment / Flat / Penthouse） / 59

　　5.1.3　联排别墅、排屋（Townhouse / Link House / Terrace House / Row House） / 65

　　5.1.4　移动屋以及特殊住宅（Mobile Home / Manufactured House / Static Caravan） / 66

　　5.1.5　关于小区业委会和物业费 / 68

5.2　买地自建? 新房? 二手房 / 70

目录 | C O N T E N T S

5.2.1　买地自建 / 70

5.2.2　新房 / 74

5.2.3　期房、楼花 / 76

5.2.4　二手房 / 77

5.2.5　法拍屋 / 79

5.3　海外不同的房屋设计以及常用建材 / 81

5.3.1　海外房屋最常使用的建材 / 82

5.3.2　最常见的建筑风格类型 / 83

5.4　选房，不可忽视的几大因素 / 89

5.4.1　地段、地段，还是地段 / 89

5.4.2　社区状况 / 92

5.4.3　学区房到底值得吗 / 98

5.4.4　容易被忽略的环境因素 / 100

5.4.5　一个简单却有效的"懒人找房法" / 102

5.4.6　户型与面积 / 103

5.5　怎样的房子最值得投资 / 104

5.5.1　靠房屋升值，买卖赚取差价 / 105

5.5.2　靠出租 / 108

5.6　如何像专业验房师一样看房 / 109

第 6 章　**有了中意的房子以后怎么做**

6.1　获得卖家披露（Seller Disclosure）/ 114

6.2　起草买家意向书（Offer）/ 115

    6.2.1　价格 / 116

    6.2.2　付款方式 / 121

    6.2.3　保护条款（Contigency / Condition）/ 121

    6.2.4　其他 / 123

6.3　买房，以谁的名义 / 124

    6.3.1　与他人合伙买房 / 124

    6.3.2　用他人、父母、孩子名义买房 / 124

    6.3.3　信托 / 125

    6.3.4　公司名义买房 / 125

第 7 章　**过户之前的准备**

7.1　不要让钱成为你的障碍 / 128

    7.1.1　全款 / 128

    7.1.2　贷款 / 129

目录 | C O N T E N T S

7.2 以防万一的房屋保险 / 137

第 8 章

恭喜你！可以交易过户了

8.1 交易过户的大致流程 / 140

8.2 买房费用知多少，购房过程中涉及的税费 / 141

  8.2.1 意向金、订金 / 142

  8.2.2 房检费 / 143

  8.2.3 交易过户时的相关费用 / 143

第 9 章

买房以后

9.1 装修改建知多少 / 152

  9.1.1 在装修、改建、加建之前，一定要先知道这些 / 152

  9.1.2 自住 VS 投资，改建装修大不同 / 155

  9.1.3 DIY 还是请人来做（不同项目 DIY 难度与价格对比）/ 159

  9.1.4 如何组建一支王牌装修队 / 160

9.2 买房以后的日常支出 / 164

　　9.2.1 房产税（Property Tax） / 165

　　9.2.2 物业管理费 / 166

　　9.2.3 房屋保险（Insurance） / 167

　　9.2.4 水电煤网（utilities） / 168

　　9.2.5 其他 / 168

9.3 如何让房子成为你的小金库？谈谈重新贷款

　　（Refinance / Remortgage） / 168

第 10 章　成为房东"地主"之后

10.1 手把手教你出租房屋做房东 / 172

　　10.1.1 自行管理 / 172

　　10.1.2 委托管理 / 175

10.2 卖房的学问与艺术 / 176

　　10.2.1 中介（seller's agent / estate agent） / 177

　　10.2.2 直接卖房 / 179

10.3 怎样给你的房子定一个好价钱 / 179

目录 | C O N T E N T S

10.4　让房子卖得更好、更快的诀窍 / 182

10.5　请诚实地填写卖家的披露 / 184

10.6　与买家的双赢谈判 / 184

10.7　卖家交易的税与费 / 185

　　10.7.1　美国 / 186

　　10.7.2　加拿大 / 187

　　10.7.3　澳大利亚 / 188

　　10.7.4　英国 / 188

10.8　结语 / 189

第 1 章

海外买房的现状

海外置业投资
一本通

1.1 海外购房的规模与热门国家

近几年，随着国人越来越富裕，国家之间经济贸易文化交流日益增长，走出国门，去海外买房的人也越来越多。

引用《人民日报》的数据，中国人在 2016 年海外购房的规模已经突破了 1000 亿美元（近 7000 亿元人民币），而这其中还不包括在海外定居入籍的华人市场。

仅在美国，美国房产经纪协会的数据表明，中国买家们在 2016 年就购买了价值 317 亿美元的房产，成为美国房产最大的外国买家，把第二名的加拿大买家们（190 亿美元）远远地甩在了身后。据说来自中国的力量占了美国纽约市中心曼哈顿房产交易的 30%。

在加拿大，加拿大国家银行粗略估计，仅仅是温哥华，中国买家就贡献了约 130 亿加币的年住宅销售额，达到了当地交易市场的 1/3；而多伦多也以 90 亿加币的销售额紧随其后。

在澳大利亚，来自中国的投资者们在 2015—2016 年度的房地产市场（包括商业地产和住宅地产）达到了 320 亿澳币，也是澳大利亚房地产行业最大的外国买家。

在英国，中国大陆的买家在海外买家中排名第 4，仅次于新加坡、马来西亚等这些传统上受英国文化影响很大的国家。而在伦敦，中国的买家在 2016 年占据了伦敦市中心所有商业地产的 1/4。

可以说，中国购房者已成为全球房地产市场上一支不可忽视的力量。

1.2 海外购房的大环境与考虑因素

据来自多方面的资料显示，中国人在海外置业最热门的国家有：美国、澳大利亚、加拿大、英国这些老牌发达国家；而日本、西班牙、泰国、马来西亚、德国也非常受到华人的青睐。

像美国的纽约、洛杉矶、旧金山湾区，加拿大的多伦多、温哥华，澳大利亚的悉尼、墨尔本，英国伦敦这些地方都十分受到华人的青睐，当然这也并不奇怪。

这些华人在海外置业的热点国家和热点城市一般有几大特点。

❶ 发达国家的大城市生活丰富、工作机会多

发达国家比较富裕，生活水平普遍较高。它们的大城市（以及周围的卫星城区里）人口众多，人口的组成也比较多元化，各种各样的人都有，而因为大城市的多样化，居民思想也更包容。

大城市的文化娱乐设施也丰富齐全，提供了可以和国内比拟的热闹气氛，生活不至于单调乏味。公交出行选择也会多一些，让不开车或不喜欢开车的人生活更加便利。

更重要的是，大城市的工作机会也更多，除了本地、本国的公司之外，中国和这些国家有着比较密切的商业合作与文化交流，有很多国内的公司也去海外大城市拓展业务，建设投资。

❷ 资源多，风险较小，升值较快

海外的大城市房屋类型从普通公寓到豪宅别墅的选择也更多，市场流动性

也强，因此不管是就业或者置业也更容易受人青睐。而在欧洲、澳大利亚、加拿大这些人口基数较低，大城市比较少的国家，资源配套就更向大城市集中。

而全世界的富人也会优先选择特大型城市自住和投资，所以这些地方的房子门槛会比较高。在市场好的时候，这些房屋升值更快，而在市场差的时候，房价下跌的风险更低。伦敦、纽约、悉尼都属于这样的城市。

❸ 华人已经比较聚集的城市和社区

"爱扎堆"是人的天性之一。人是社会的动物，与生俱来有社交属性。如果一个地方华人已经比较多，那么就会形成一定规模的社区。对于一些新移民、长期生活在国内的人或是家里有老人的，华人比较多的城市地区可以让买家更快地适应新的环境，融入社会，寻找到志同道合的朋友。

而配套齐全的中餐馆、中国超市、中医馆、KTV 等，也可以让人过上和国内大致相似的生活方式，不至于不习惯。

新一代华人多的社区和以前的传统"中国城"也不同，中、高收入的华人居民更多，也不是门口有着牌楼的一条中国街，而是各种华人开设的生活设施有机地分散在社区里。比如洛杉矶、墨尔本、温哥华等。

❹ 气候环境舒适，适宜居住

在大城市中，靠海、环境优美、气候舒适、犯罪率低的宜居城市更受富人们和中产华人的欢迎（其实也受全世界富人们的欢迎）。靠海的城市一般出行方便，有比较多的国际航班可以直飞回国；这些城市气候也比较宜人温和，冬暖夏凉。

看看海、开开船、游游泳、吃海鲜，非常适合享受生活。全球房价最贵，华人比例最高的几大城市也大都靠海而建，比如旧金山、洛杉矶、温哥华、悉尼、墨尔本等。

❺ 大学、科技城，文化教育底蕴

大学城、科技城也受到很多华人的欢迎。这些地方一般有着比较丰富且优秀的教育资源。而华人大都比较注重教育，不少华人本身也在大学和相关的研究所工作，或者拥有比较高的学历，会择邻而居，让自己孩子从小学到大学都能接受良好的教育。也有不少人孩子出国读书，就在学校旁边买房，这样既可以居住，又可以当投资。

而大学附近一般科研力量也比较雄厚，与科技相关的产业就会比较多，而很多华人大都从事科研技术工程类的工作，因此这些地方华人也比较容易聚集，这个特点在美国更为明显（因为美国城市产业特征分化更大，欧洲、加拿大和澳大利亚的大城市更少，资源更为集中）。比如硅谷、西雅图、波士顿、华盛顿、休斯敦等。

而如果在海外买房子主要是用于投资或者度假的房产投资者，对于地区和城市的选择又会考虑下面这些情况。

❻ 海外买家的买房政策

政策和投资买房息息相关。这里不仅包括对外国人签证或者移民的政策，也包括海外国家和城市对于外国人买房自住 / 买投资房的一些政策规定。

有些受到海外买家投资影响房价上涨太快的城市，当地政府为了给居民提供居住保障，会出台或者考虑实施一些限制外国人投资买房的政策用来稳定市场：比如多交手续费、提高地产税、空置税、限售、贷款限制等。比如澳大利亚的新南威尔士州（也就是悉尼所在的州），在 2016 年宣布境外买家额外的交易税翻倍，从 4% 升至 8%，这样一套 100 万澳元的房子（约合 520 万元人民币）在新规定下海外买家就要比当地人多交近 12 万澳元的税，维多利亚州（墨尔本所在的州）也有类似的政策。或者加拿大的多伦多和温哥华，对于海外买家购房时，会征收 15% 的交易税，那么买家就要在原价基础上以更高的价格买入房产了。

❼ 税收

即使没有针对海外买家的限购政策，不同地区城市针对任何房主都需要征收房产税，而税率（包括自住房产税和投资房产税）在不同的地区也大不相同，有些甚至会影响到房屋的持有成本。因此房产税较高的城市不利于投资，这些地区的房产升值也会有限。

以美国为例，房产税根据州、城市甚至学区的不同税率也会不同。一般东部的纽约州、新泽西州、中西部的伊利诺伊州和威斯康星州、南部的得克萨斯州都有着较高的地产税，平均可达房屋价值的 2% 甚至接近 3%，而房产税较低的地区包括加利福尼亚州、弗吉尼亚州、科罗拉多州、犹他州等，房产税一般不到 1%。如果一套房子价值 100 万美元，那么在不同的地区每年缴纳的房产税就可以差 2 万美元（接近 14 万元人民币）了。

对于出租的投资房，不同国家和地区城市的个人所得税也不同，会影响租金收益。

对于买卖房屋获利的资本利得税，不同的国家政策也不一样，与回报密切相关。

❽ 汇率

最后，如果用于买房或者还贷的资金和收入主要是人民币，那么汇率对于买房的成本影响是最直接的。10% 的汇率波动，就会影响 10% 的购房成本。所以在选择一个国家和地区买房的时候，也需要考虑到汇率的走势与波动。

❾ 房价、物价水平

自从 2008 年美国次贷危机以来，海外一线城市的房价也随之水涨船高。纽约、伦敦、温哥华、悉尼等核心地段的房子动辄也要上千万元人民币起。高房价提高了购买物业的门槛，也影响了当地的物价。

对于投资者或者自住者，都应该考虑房价的因素。而近几年随着这些城市房价上涨，很多人也把目光从美、加、澳、英的一线城市投向了二三线城市。

当然，上面这些因素很多都是在动态的变化过程当中，并不是一成不变的，而这些基本的大环境及其发展趋势也正是海外置业选择特定国家时最应该考虑的地方。

1.3 你是哪种海外购房买家

说到为什么去海外买房，一千个人心中有一千个哈姆雷特，在海外置业的买家从中产到高产阶层，从学生到企业家也各不相同，五花八门，每个人也有他们自己独特的情况，为了自住、为了投资、为了养老。

据我自己的观察，总结一下大概有这样几大类，你是哪类海外买家呢？

❶ 在海外工作、生活、定居的海外华人

一些人因为工作、家庭或者生活方式习惯的原因，选择在海外生活定居，那么他们就会在当地置业生根。而近年来很多国内制造业，基建、通信等公司也走出国门，去海外开设办公室、建设工厂，而从国内外派的高管和专家，他们也会在当地驻扎一段时间，买房开始一段新的生活。

❷ 在海内外都有事业和投资的商人

一些商人在海外的一些市场也有业务和投资，经常因为商务工作需要出差往返，可以说这些地方就是他们的"第二个家"，在海外市场的所在地置业也理所当然，在海外有自己的家，比起住宾馆也更有一种亲切感和自由。

❸ 在海外求学的留学生

近年来出国留学的学子越来越多，据教育机构统计：2016 年度我国出国留学人员总数为 54.45 万人，其中，自费留学的达到了 49.82 万人，而在 2000 年的时候，出国留学人员总数仅 5 万人左右，这十多年来，出国留学的人数翻了 10 倍。

留学生们也越来越年轻，越来越富裕。相比几十年前拿了奖学金去海外读研、读博的留学生而言，新一代的留学生有不少从中学开始就出国锻炼自己开眼界的；本科、硕士自费出国现在也成为留学生的主流。对于这些家庭状况良好的留学生和他们的家庭而言，在留学的时候买房既能解决自住的问题，也算是一种投资，何乐而不为呢？

❹ 打算移民的准或新移民

除了已经在国外工作、留学的人之外，也有不少考虑移民海外的准 / 新移民。据联合国 2015 年的《全球移民报告》和人民网的报道，截至 2015 年，我国华侨华人总数约为 6000 万人，仅在 2015 年就达到了 1000 万人，其中以美国、加拿大、澳大利亚、日本、韩国、新加坡等为主。

有些移民是为了退休养老，有些是为了和海外的家人团聚，有些是为了孩子教育，有些是为了悠闲轻松的生活环境。不管如何，对其中大部分人而言，在海外当地是否能有房、有家可以安定下来过上不错的生活，是决定是否移民的一个重要因素。

❺ 看准时机对海外房地产投资的投资客

在一些国家或者城市遭遇经济危机的时候，当地的房价往往也会一落千丈，或者到达一个阶段性的低点。这时候，就会有一些放眼国际的投资客逢低买入，在一个合适的价格入手海外的房产，然后或者出租，或者持有等待升值收获回报。有时候这样的大胆投资收益相当不错，比如美国旧金山、加拿大的温哥华、澳大利亚的悉尼等一线城市的房价从 2008 年金融危机以来到 2017 年已经翻倍了。

当然，也有人因为看到报纸新闻上极其低廉的"1 元房"、"几万元的房子"

觉得实在太便宜而去抄底的，这些有赚得盆满钵满的，也有被"坑"的泣不成声的，我们会在之后的章节里讲到。

对于喜欢租金型稳定收益的投资者，相比于国内的大城市，很多海外城市的房产出租，租金比起国内要高不少，能获得不错的出租回报（5%～15%）。

除了升值和出租等原因之外，一些中产和富人喜欢全球化配置资产，或者对于货币有不确定因素，在海外买房用于保值对冲的。而最近几年，人民币对于大部分的主要货币都在一个汇率的高位，一些投资者趁着人民币购买力较高的时机买入海外资产，也是不错的投资选择。

还有本身喜欢投资房地产，但觉得国内的房地产已经到达高点所以转战海外的，这样的投资客也占了一部分。

以 2017 年胡润和万国置地共同发布的海外投资职业回报指数来看，不少地区的房产投资都获得了非常不错的收益（其中投资回报指数 ＝ 房价年涨幅 ＋ 租金收益率 ＋ 当地货币兑人民币的涨幅，即 3 项相加而成）。

❻ 喜欢去海外某个国家度假的中产阶层或富人

现在繁忙、压力大的都市人对于休闲度假的需求可以说是越来越大，旅游地产和度假屋的市场也越来越红火。很多国外的富人或者中产阶层会在不同的城市购买度假房产，而国内近几年在海南或者一些江南小镇的度假房产也随之升温起来，其中就有一些国内的居民在国外的度假胜地购买度假屋，每年可以招呼亲朋好友住上一段日子放松休息。

当然，并不是每一类人群，或者每个人都真正需要在海外置业，在了解了在海外购房的利弊与国内房产市场的不同以后，可能会做出最适合自己的选择。

最受中国高净值人群青睐的海外置业城市投资回报指数

排名	城市	国家	房价年涨幅	投资回报指数
1	温哥华	加拿大	25.5%	36.8%
2	奥克兰	新西兰	16.6%	32.5%
3	惠灵顿	新西兰	11.1%	31.1%
4	悉尼	澳大利亚	10.6%	30.1%
5	维多利亚	加拿大	17.6%	29.2%
6	波特兰	美国	14.6%	28.8%
6	大阪	日本	3.1%	28.8%
8	北海道	日本	2.8%	28.4%
8	墨尔本	澳大利亚	9.1%	28.4%
10	东京	日本	4.4%	28.3%
11	堪培拉	澳大利亚	7.6%	28.1%
12	奥兰多	美国	8.3%	26.5%
13	迈阿密	美国	8.6%	26.4%
14	多伦多	加拿大	14.8%	26.3%
15	休斯顿	美国	7.0%	25.2%
15	纳什维尔	美国	11.0%	25.2%
17	布里斯班	澳大利亚	4.3%	25.0%
18	西雅图	美国	11.4%	24.7%
19	汉密尔顿	加拿大	13.0%	24.6%
20	沃特福德	爱尔兰	16.4%	24.5%

第 2 章

海外买房之前，一定要先了解这些

海外置业投资
一本通

$\boxed{2.1}$ 外国人可以在海外买房吗

很多考虑在海外买房的人第一个问题是，"我能在海外买房吗？"毕竟，如果在当地连买房的资格都没有，被限购的话，那么其他问题也就不值得浪费时间了。

首先，如果你已经入籍海外国家成为那里的公民，或者获得了当地的永久居民身份／绿卡的话，那么在钱包允许的情况下就可以买，信用收入允许的情况下就可以找银行贷款。

如果你没有绿卡或者未成为那里的公民的话，根据不同国家可以分为不同的情况。美国、加拿大、澳大利亚和英国在理论上是任何人都可以购买房屋的，但具体也有一些区别。

❶ 美国

美国没有特定针对外国人的限购政策，理论上任何人都有资格购买普通的房地产，唯一对购房身份限制的是一些合作式的住房（COOP），但这样的房子本来就不多。

美国由于是引发和经历了次贷危机的主要国家，现在对于贷款的审查比较严格，对于美国公民或者外国人都是如此。

在美国，如果你在美国长期工作，有稳定的收入，持有有效合法签证，有社保号（Social Security Number）／纳税号和信用记录的话，也可以正常地向当地的银行申请贷款，和公民绿卡永久居民类似，首付最低有时候可以到3.5%，不过一般首付都在20%左右。

如果没有稳定的工作，比如学生或者退休人士，一般最简单的是全款现金买房。

现金买房需要准备：有效护照，中英文版的购房资金证明（包括银行存款，活期理财，可以马上变现的股票等，国内国外的账户资金都可以），美国的银行账号（交易时用美国的账号购房）。此外还需要开设一个美国的个人税号（ITIN），与纳税有关。

但有时候，如果有信用记录或者学生OPT，或者在国内有资产和工作，可以出具收入证明，也可以尝试向一些比较小型的贷款机构或者华人银行（比如中国工商银行、汇丰银行、华美银行等）获得贷款。

这些贷款一般首付要求比较高，一般需要30%～50%的首付，且有时候利率也会比普通的按揭贷款多加1～3个百分点，有些银行会要求你在该银行/机构有一定数额（比如10万美元）的存款等。

一般本地的大型银行给外国人贷款的反而很少，且有时候效率略低。最好多找几家机构咨询，并且找熟悉给外国人做贷款业务的银行/贷款人，因为不是每家银行的每个业务员都熟悉这样的业务。

贷款买房需要提供的材料：有效护照、中英文版的购房资金证明（首付款）、美国的银行账号、美国的个人税号（ITIN）、国内工作证明和收入（需要公证及翻译）、信用记录（如果有的话）。

如果你在国内，也可以不用去美国就在国内购买美国的房产。交易可以通过电子邮件以及电子签名进行各类协议的签署，非常方便。也可以委托在美国信得过的亲友代自己签字过户和支付，需要签署一份经过公正的授权委托书（Power of Attorney）和自己的护照复印件即可。

最后如果买了房，即使是在国内，每年还需要缴纳房产税；而如果不是主要自住房（homestead），比如是二套房度假房或者是用来出租的投资房，房产税还会略高些。如果出租收取租金的话，每年需要报税，还可能需要缴个人所得税。

此外，除了以个人名义买房，还可以以公司名义或者信托名义来买房，主要是为了资产保全、投资分配、匿名性、还有一些税务方面的考虑，具体可以咨询律师，在书中后续章节也会进行详细介绍。

❷ 加拿大

加拿大购房资格也没有什么国籍的限制，基本大家都能买。

如果不是全款购房的话，加拿大的贷款也相对宽松。一般来说，有收入证明、合法的身份、加拿大的银行账户和可以提供首付的存款、资产证明，就可以申请贷款。一般加拿大本国人 / 枫叶卡居民和有足够信用记录的新移民（5 年为限）最低首付可以到 5%，但 20% 以上比较常见。

而对于新登陆加拿大 5 年内的新移民，如果没有信用记录和工作也可以贷款，一般需要做到自己能出首付 35% 以上，且对贷款额度有限制（总额 150 万元加币），但好处是可以不需要审查收入证明和信用记录，而且新移民可以通过新移民贷款购买两套自住房。

对于加拿大的正规留学生，如果可以提供 50% 及以上的首付（可以是自己的钱也可以是父母资助的钱），也可以申请贷款 1 套自住房，最高贷款是 50 万元加币。

而如果你常住在国内，还没有移民，想要在加拿大购房的，也可以在提供国内财务证明和收入证明的情况下首付 35% ～ 50% 贷款购买一套房，有些银行还要求需要把首付在加拿大的账号里存上 1 ～ 2 个月。

加拿大的不少银行都提供给留学生和外国人买房的贷款业务，比如，加拿大的帝国银行（CIBC）、皇家银行（RBC）、蒙特利尔银行（BMO）等都有此类业务。

在加拿大买房，需要提供有效护照、加拿大开设的银行账号、信用记录（如果有的话，没有也可以）、资金证明（贷款或者全款的资金）。如果贷款，则还需要提供工作以及收入证明。如果一些资料或者证明是国内 / 中文的，最好通过公证公司翻译成英文。

在加拿大买房本人不需要在场，一般现在也都可以通过电子邮件和传真的方式签署文件合同办理手续。

虽然总体来说加拿大买房和贷款都比较容易轻松，不过加拿大的一些热门城市最近为了防止房地产市场太过火热，对外国买家出台了一些政策，比如在多伦多或者温哥华等地，对于非加拿大公民或者非加拿大永久居民的外国人，买房的时候还需要额外缴纳房价 15% 的海外买家税，提高了外国人买房的成本。而且在加拿大买房的外籍人士在出售时，没有增值税的豁免。

❸ 澳大利亚

在澳大利亚，外国人也可以购买房子。

不过，如果不是澳大利亚公民或者永久居民（PR），作为"外国人"身份一般只能从开发商处购买空地、期房、新房，而不能购买二手房。或者购买二手房以后，必须对二手房进行大幅度的改建、加建，比如从原来的 1 套房加建为 2 套。

不管是新房还是要改建的二手房，外国人购买澳大利亚的房产都需要向澳大利亚的外国投资审核办 FIRB 提交申请（一般一个月内可以批下来），并缴纳 5000 澳元以上的申请费以后才能购买。或者，如果有些开发商已经预先向 FIRB 申请过的话，购房者就不需要再次申请，这类住宅预留给外国购房者也有一定的比例。

而如果人在澳大利亚留学或者短暂工作，或者已经递交永居申请正在过渡期的人，作为"临时居民"，持有合法澳大利亚签证的话，也可以购买 1 套二手房（不需要加建、改建）。但这套房必须用于自住，不得出租、分租，且在签证到期离开澳大利亚之前需要把房子卖掉。

而澳大利亚的房子不管本国人和外国人都可以贷款，外国人贷款基本上和澳大利亚居民区别不大。澳大利亚也是外国人获取住房贷款比较容易的一个国家。一般澳大利亚居民贷款最少付 5% 的首付。而如果外国人买期房可以只付 10% 的首付，如果买新的现房一般需要出 20% ～ 30% 以上的首付。此外澳大利亚的一种特殊的还款方式是只还利息的贷款（Interest Only Loan），到指定期限一次性偿还本金，这样每月还款额就更少了。

在澳大利亚可以贷款的银行有：中国银行的澳大利亚支行、联邦银行（Commonwealth Bank）等。且国内人士办理贷款不需要到澳大利亚办理。

贷款的时候需要准备：护照、签证（如果有）、收入证明、资产证明、信用记录等。

如果是未成年人想要贷款买房，一般需要与其父母共同持有，以父母名义贷款。

不过最近为了防止太多的外国人对市场投机导致本国人买房压力过大，澳大利亚的一些州也对外国买家的房产处置出台了一些新的规定，比如悉尼所在的南威尔士州，就要求空置 6 个月以上房屋的房主需缴纳 5000 澳元的空置税，房产过户的时候海外买家额外印花税也从 4% 调高到了 8%，海外买家每年所缴纳的地税也从之前的 0.75% 提高到 2%。

而在墨尔本所在的维多利亚州，海外买家也需要缴纳额外的 7% 的印花税。在这样的情况下，海外买家在悉尼或者墨尔本购房的时候所要支付的实际印花税大概要高达 12%，增加了一定的成本。

❹ 英国

在英国，任何人也都有资格买房子，没有国籍身份的限制。

在英国，如果是英国公民或者永久居民的话，最低首付 5% 就可以买房，有些银行比如巴克莱银行（Barclays）甚至有 0 首付的贷款项目。而且如果在英国拿到了永久居留权或者入籍，如果购房者是首次购买自住房，在 2020 年之前都可以参加英国政府的购房援助计划（Help to Buy），政府可以提供房屋价值 20% 的贷款，而且前 5 年是免息的（5 年以后低息）。

不是英国居民的外国人也可以在英国贷款购买房屋，一般对于收入有一定的要求。需要提供的材料有：有效护照、存款或资产证明、工作以及收入证明、与信用相关的记录等，贷款还需要开设一个英国的银行账号（全款）。如果是自住房，最高一般可以贷款 70%～80%。英国也有仅支付利息（interest only loan）的房贷。

一般国内的买家建议选择在英国开设分行的中国的银行，或者在中国有业务的银行，这样他们对给中国买家办理贷款的流程和业务更加熟悉，比如中国银行伦敦分行，或者汇丰银行等，比较容易获得贷款。

如果是学生，或者没有收入证明的买家，一般需要全款购房，或者由父母来贷款共同购房。

而在英国买房也不需要本人在场，只要找到律师（一般英国房产交易都需要律师）、签合同、付钱就可以了。

2.2　美、加、澳、英住宅房地产市场的不同点与常见误区

在开始买房之前，我们先来聊聊这些主流海外市场和国内住宅购房市场的不同点，它们既有优点，也有缺点。这里面也会包含一些常见的海外房产置业的误区，不先了解这些，之后可能会后悔。

2.2.1　产权性质

首先，在国外主流地区的房地产和国内最明显的区别就是产权了。

在国内，城市里目前主要的商品房都是 70 年产权，这里房屋产权包括了房屋所有权和土地使用权这两部分。其中房屋的所有权是永久产权，属于个人财产；但房屋下面的土地，也就是土地使用权，是 70 年（从开发商获得土

地批租权，而不是完工的时候开始算起），土地的最终所有权归国家和集体所有。当然，还有其他一些商住 40 年的产权、小产权、农村的宅基地等类型的房子。

而在欧、美、澳，除了公寓以及部分特殊的房屋类型之外，大部分私房的房屋和土地所有权都归个人所有。

但是，虽然说这些国家的土地是私有制的，不代表所有的房子都有对土地的独立所有权，也不代表所有的房子都可以随意进行加建改动。

下面是一些主要海外置业国家的产权性质对比：

❶ 美国

首先美国的土地是私有制的，美国的房屋大部分也都是永久产权。

而美国的产权持有方式，可以是个人、合伙、公司以及信托制度，比较灵活。一般可以按照利益和责任分配、税收、隐私保护等原因选择不同的产权持有方式。

而在美国，根据不同的房屋类型，"产权"也有一定的区别。

产权最清楚明确的是私房独立屋（Single Family），房子和房子附带的土地完全归业主所有，可以对土地和房屋进行改动、改建。

而美国的可出售公寓或康斗（Condo），其实最类似于国内的商品房，但和国内相比它的土地是私人性质的（没有土地到期怎么办的问题）。康斗小区的公共设施、外墙、屋顶等都归所有的小区业主共同所有，每个公寓单元的业主只拥有自己房屋单元内部的产权。

因为没有土地和公共结构的全部产权，所以公寓业主不能对土地、公共设施和共用的结构进行擅自改动。

联排别墅（Townhouse），产权上类似于独立屋，业主拥有房屋内部和屋子附带土地或花园的产权，但联排别墅和邻居共享的结构，比如公共的墙则是共同产权，如果有小区，那么小区的公共设施也是小区业主共有。

美国还有一些合作式住宅（COOP），类似于公寓，但是买家并没有居住单元的产权，而是以整栋大楼股东的形式入股，并且拥有居住单元的使用权。

美国还有一些比较特殊的物业，比如移动屋/船屋等，其建筑产权归业主所有，但是他们的土地是租来的，需要向移动屋土地或者船位的主人支付租金。

❷ 加拿大

加拿大和美国类似，一般加拿大的产权和房屋类型有几种。

独立屋（Single Family / Bungalow）一般拥有自有产权（Freehold），拥有最大的自由度。

康斗（Condo）和美国一样为公共产权（Condominium），住宅单元内部为业主所有，但公共部分为小区业主共同拥有。

排屋/连屋（Townhouse / Link House）：其性质为自由共管产权（Freehold Condominium）。它们的房屋和其下土地为业主所有，公用的墙/屋顶为业主和邻居共有，如果有小区，则小区公共设施为小区业主共同所有。

在一些特殊的情况下，有一些房子没有产权，只有对土地的租赁权（Leasehold），这样的土地有一定的租期，业主拥有的也是居住权，到期需要续约或者搬出。

❸ 澳大利亚

澳大利亚的产权和房屋类型主要有几种。

澳大利亚最常见的房屋之一就是独立屋了（House），独立屋一般是永久独立产权（Freehold），又叫作托伦斯所有权（Torrens Title）。这样的产权房屋和土地都全权归业主所有。

而如果购买的是澳大利亚的公寓（Apartment）和大部分联排公寓

（Townhouse），它们的所有权叫作分契式，或者说产权共管所有权（Strata Title），这样的业主和美国的康斗类似，只拥有房屋单元内部的所有权，而公共区域和结构由小区业主共同拥有，个人业主不能对地皮或者建筑结构随意改动。

还有一些联排公寓可能是社区共有产权（Community Title），与分契式比较类似，区别在于可能小区更大些，绿化多些，而小区业主也共同拥有这些景观，并且支付维护费用。

此外还有地皮租赁产权，公司股份式产权等，但不多见。

❹ 英国

英国主要的房屋有独立屋、别墅（Detached / Bungalow / Cottage），和邻居共用一面墙的半独立屋（Semi-Detached），联排别墅（Town house），还有就是公寓（Flat / Apartment）。

一般来说，独立屋 / 别墅类型的房子大都有永久产权（Freehold），永久产权的产证也就是土地证，证上包括土地以及土地上的一切附属物品（包括房屋），拥有永久产权房子和土地以及土地上的资源都是房主的，房主也可以对房屋和土地有最大的处置权。

不过和其他几个国家不同的是，英国的租赁房（Leasehold）也比较常见，公寓大多是租赁房。租赁房的房主有房屋本身的所有权和土地在租期内的使用权，但土地的产权本身不属于自己。

租赁房的房主每年需要按照协议支付土地的租金，土地到期了以后还需要请律师和土地的主人办理续约，可以从几万到上百万英镑不等。而租赁房房主也不能对房子随意改动，需要获得地主许可。

土地的租期从几十年到上百年都有，有些房子租期可以特别长，最高可以长达 999 年。那其实基本上和永久产权差不多了。新建的公寓一般租期有 125 年、250 年和 999 年的。

要注意的是，如果有些房子的租期还剩下几年或者五六十年，银行就很难给这样的房子批贷款，因为有比较大的不确定性。而房屋的价格也会和租期有关，剩余的租期越短，房屋的价格和价值就越低。

此外，英国最近鼓励新手买家的优惠政策有"共享所有权"（Shared Ownership）的项目，共享所有权的房子包括一些和政府合作的新房、二手房源，只有土地租赁的产权。在这个项目下，买家一开始可以只够买房子25%～75%的股份（还可以贷款）获得房子的部分产权，然后剩余的产权通过每月交租的形式逐渐买下。

此外，很多国家还有可以购买部分产权的分时度假屋等，总体而言，产权类型更加丰富。

拥有房子和土地的永久产权，土地私有制对于很多人而言无疑是非常重要的，这样增加了对于房子和土地开发利用、改建和使用的灵活性，也减少了因为土地到期所带来的风险和不确定因素。这可能也是吸引很多人在海外置业最关键、最具有吸引力的一点。

不过，即使拥有了独立的永久产权，也不代表可以对土地和房子随心所欲、自由自在地改动。即使是加一个车库或者加盖一层大部分还是需要获得当地政府的许可和审批，如果房子和周围邻居比较近，有时候还需要取得邻居的同意。

而且海外对于土地的性质（个人独栋宅、多单元公寓、商业用地、工业用地等）一般都有严格的规定，如果改动土地性质，比如要把住宅用地改为商业或者工业用地，或者要把规定只能建1栋房子的土地改建成几栋房子，都需要递交申请改变土地的用途许可。

2.2.2　房屋类型

因为房屋土地产权的关系，所以拥有土地权的海外房屋的总体类型更加多元化，对房屋设计建造的自由度更高。

除了类似国内的公寓、联排别墅、独立别墅社区之外，在英、美、澳的很多人也可以直接买地，真正成为"地主"，然后自己请设计师设计并建造喜欢的、有个性的房屋。

从土地占地、房子大小、外观造型、户型建材，都可以自己说了算。不需要拘泥于购买开发商造好的现成公寓、联排和别墅。对于追求独一无二的那些人而言，在海外置业为他们的梦想提供了实现的可能。

此外还有移动屋，产权式养老社区，船屋这些千奇百怪的房屋类型，适合各种生活方式的需求。

2.2.3 不动产持有成本

目前国内的房价较高，但买完房以后，持有房产的成本很低。国内大部分地区都没有房产税，而小区每月的物业管理费相比房价和贷款而言也可以忽略不计。国外则相反，一般来说，除了特大城市以外房价可能不算高，但持有成本却不低。

大都有每年基于房产价值征收的房产税，如果只有地没有房也需要缴纳地税，公寓和联排小区还要收取不低的物业管理费。而如果贷款买房，银行会规定必须购买房屋保险，需要每月缴纳几百元到上万元人民币不等。

不少海外国家都有房产税，这些每年必交的房产税，税率由房屋所在地的城市来决定。房产税是当地政府财政收入的重要来源，用于支付当地的市政工程，公立学校运营和公务员的工资等。

比如在美国，房产税大概占据房屋＋土地评估总价值的 1%～2%。在澳大利亚，主要的地产税针对的是土地的部分，从 1%～6% 不等。在加拿大，房产税是 0.5%～2%。在英国，并没有持有房产的房产税，但屋主每年需要缴纳市政物业税（Council Tax）用于支持市政公共建设，每年需要几百到上千英镑不等，也有一定的豁免。一些海外热门城市，当地政府为了防止海外买家投资导致房价增长过快，还会向海外买家征收额外的房产税，或者房屋空置税。

在海外的公寓小区，一般也会收取比国内相对更高的物业管理费，这取决于小区的层次、配套和房屋的面积，户主的物业费每月从大几百、几千到上万元人民币不等。

在海外购房，平均每年都要缴纳上万到数十万元人民币的地产税和相比国内更高的物业管理费，所以如果一套房子就算不住空置着，每月还需要多出几千到几万元不等的人民币。这或许也是为什么国外炒房、囤房的人并不那么普遍的原因。

所以，房屋的持有成本是一个不可忽略的因素。当然，很多房屋相关的税都可以抵一部分的收入税，我们会在相关章节详细介绍。

2.2.4 户籍制度

在国内买房，户口和教育还有其他的一些社会福利资源息息相关。

但在很多海外国家，包括美国、澳大利亚、加拿大、英国，没有国内那么强的"户籍制度"的概念，那里的居民每隔几年为了工作、求学、家庭等原因去不同的城市非常普遍，在当地生活居住就能享受当地的公共福利，除非是公务员，退休金也和所在城市无关。

比如学区房。国外大都遵从房屋和学校划片的原则，房子和学校有对口，但一般也是租售同权的。在一个好学区里租房的租客也能享受到当地对口的好学校，私立学校也极其普遍。所以大家也不一定需要买房，因为租房也可以享受到大部分福利。

2.2.5 绿卡移民

有一些人以为买房就能获得绿卡，这在有些欧洲国家确实如此，但在主流的经济比较发达的国家并没有这样的待遇。

除非你投资的是可以促进当地就业和经济的大型商业地产或者公司实业，

目前（2017年）一般购买自住房在英、美、澳、加等热门发达国家并不能获得绿卡。

买房送绿卡相关的政策一般是经济实力相对较弱的国家为了促进经济发展吸引投资而出台的，比如西班牙、希腊、葡萄牙等，而获得了绿卡是否能转成公民，或者是否能享受当地居民一样的权益也因国而异。

虽然在一些移民比较热门的主流国家绿卡移民和买房是分开的，但如果在当地购房、租房并且有合法身份的话，不需要公民或者永久居民就能享受一些生活上的配套和福利，比如前面提到的学区，还有当地的博物馆、公园等。

第 **3** 章

买房前的准备功课

海外置业投资
一本通

在买房之前，要先做一些准备功课，做好准备功课非常重要，可以避免以后很多不必要的麻烦和损失。而且做了功课，有了方向以后，行动就会更明确，效率就会更高。

买房前的准备功课包括：

（1）了解自己是否真的需要买房。

（2）确定自己买房的目的和用途。

（3）了解自己的预算。

（4）预估选房买房入住所需要的时间。

3.1 你是否适合或需要在海外买房呢

前面我们提到过在海外买房的几类主要人群，但并不是每个人都一定需要买房，或者一定需要急着在海外买房。前几年，有一些买家人云亦云地跟风买了海外的房子，最后发现买了烫手山芋或者亏损的也并不少见。

3.1.1 这些情况适合海外买房

❶ 在国外定居、移民的人

在海外生活定居的华人，如果选定了一个城市打算"安营扎寨"，或者打算生活至少 3～5 年以上，为了自住需要买房，可以说是最正常不过的了。

海外没有限购政策，只要有钱就能买。如果可以获得贷款的话，海外主流国家的首付要求更低，投入更少。

和当地的收入相比较的话，即使是国外以房价高著称的一线城市比如纽约、旧金山、温哥华、悉尼，相比于国内的一线城市，买房难度也要低得多。如果没有积蓄或者任何资助的话，普通的年轻人工作 5～10 年也能攒下首付买一套当地中等的房子。而海外的二三线城市房价就更加亲民了，医疗、教育、公园、图书馆等公共设施也都比较齐备，适宜居住。

而在海外不少城市，租售比相较国内要高不少，如果在当地租房居住的话，可能过不了十几年的租金就能全款买房了，如果买房除去首付之外每月还贷的开销可能比租金还要低，在这种情况下买房不仅自己可以获得了产权，还比租房省钱。

对于一些有宠物，喜欢园艺、植物和室内装修搭配的个人和家庭来说，租房会受到诸多限制和不便，如果自己买了房成为房屋的主人，就可以更自由地按照自己喜欢的生活方式生活。

打算移民海外的家庭和个人也是类似的情况。

❷ 留学生或者家里有孩子留学的家庭

如果家里有人在某个城市留学读本科或者读博士的话，那么选择在就读学校附近置业也是很不错的选择。一般本科留学 4 年，读博士的话也要 3 ～ 10 年不等（这还不包括博士后），可以说是一段不短的时间了。在留学读书的时候置业，既可以自住，省下房租当投资，有时候如果想要找人合租也可以很轻松地找到室友一起分担开销，是一个一举多得的选择。

如果毕业去了其他城市，也可以选择把房子卖掉。在国外，一般大学附近的房子市场风险较低，流动性较好，大都稳中有升；而如果选择出租也不担心找不到租客。我的朋友里就有不少留学期间买了房，最后发现不仅解决了上学期间的居住问题，而且房子还升值了。

当然，留学生购房没有收入基本不会获得贷款，需要全款购买或者以父母名义贷款联名购买。

❸ 出租房屋的"地主"——包租公、包租婆

如果你是想买投资房用于出租，相比于国内一线城市 1% ～ 2% 的租售比而言，海外一二线城市的租售比要高不少，租金收益更大。

以北京上海一套 1000 万元人民币的房子为例，一般目前月租只能收到 1.5 万～2 万元人民币，年租金回报只有 1%～2%，而同样价格的房子，在旧金山（扣去地产税）年租金回报可以达到 3.5%，在悉尼大概有 3%，在温哥华可以达到 4.5%，相对而言回报率更高。而在一些房价相对低的二三线城市租售比就更高了，甚至可以达到两位数（10%）以上的租金回报。所以，在海外当房东，收益相对更高。

不过如果人在国内，需要找到合适的管理公司托管。

❹ 炒房、翻新投资客

几年前次贷危机的时候，海外（特别是美国）的房价处在一个低点，如果当时买入的话，几年内可能投资的房子价值就翻倍了，如果加上杠杆贷款的话那么收益会更加可观。

当然，几年后的今天，海外发达国家一线城市的房价已经处在了历史高点，这时候入场，可能要比较谨慎并仔细地寻找机会。但同时一些老房子改造翻新的机会并不少，和国内相比，国外很多都是自建房，不但是永久产权，而且还可以自行改建、扩建、翻新，对于很多喜欢设计不怕麻烦的投资者而言，是一个有利可图的方向。

❺ 希望资产全球化配置或降低汇率风险的人

对于担心货币风险，汇率波动，希望做全球化资产配置的人群而言，房地产自然是一个主要的投资品类。在海外购房不但是货币对冲的一种方式，还可以在一定程度上有效抵抗通胀。

3.1.2 这种情况并不一定要在海外买房

❶ 在国外某个城市暂住，不确定将来在哪里定居的人

对于很多刚刚毕业的年轻人而言，不确定是否会回国，或者不清楚将来

在哪个城市定居，如果不是有合适的机会和价位，未必一定要急着买房。

和国内不同的是，欧美的租房市场也相对规范。除了个人房东之外，有很多专业的物业管理机构和服务式公寓，从高层公寓到别墅，从经济型到豪华型，可以说选择多多，应有尽有。

在规范的市场中，恶房东或者是因为房东要卖房被迫提前搬出的情况也比较少见。在一些房价已经很高的城市，如果你觉得房价不会有很大幅度的升值，又不打算在这个城市待很久的话，租房未必不是一个好选择。

而在欧美租房也可以生活得更方便，和买房的人同样享受所在地区的福利。比如，如果为了学区的话，学区房的租客也可以享受学区房的福利，也可以享受当地的图书馆、公园，和一些当地居民的特别优惠等。

所以很多年轻的外国人，即使是本国人，也会因为工作、生活等原因跨区域流动，换城市上学、跳槽就业的情况非常普遍，买了房可能反而成为一种羁绊，所以是否需要买房因人而异。

❷ 打算买投资房出租的人

前面提到，很多海外房产租售比要比国内一线城市高出不少，在海外当地主是个不错的选择，但为什么这里又说不适合呢?

在纽约之类的大城市的市中心，很多公寓类的房子都会有高昂的物业管理费，少则每月几百美元，多则可达每月上千美元，而一些地方对于出租房也会征收更高昂的房产税，此外房东也要交收入所得税，这些都影响了租金收益。

而如果房东不在本地，委托管理公司托管招租的话，物业公司一般会收取 1 个月的房租和每月 5% ～ 10% 租金的管理费，这样全年房租的大约 20% 都交给了管理公司，如果房子还要修修补补，没有足够的租金收益的话，对房东而言是一件费时、费力、费钱也没有很大回报的事情，还不如买分红基金股票。

我们就以曼哈顿为例，如果你看到一套这样的房子：坐落在世界金融中心纽约的市中心，距离中央公园仅一街之遥，70平方米实际面积，市中心精装修的2室1厅的房子，售价只要100万美元（约680万元人民币），还是永久产权，是不是很划算？这样的价格，可能在北京的二环旁、上海的外滩边只能买到小房子。

如果出租，纽约这样的房子每个月大概可以收租4000美元，差不多28000元人民币，而北上广深的房子，每月租金能收到10000元就不错了。这样一看，纽约买房出租似乎是个不错的选择。

但是，在急着下单之前，我们别忘了它的物业管理费和地产税。这些费用平摊到每月，大概需要1600美元。如此一来，再加上每月支付的银行贷款，房东一个月总支出至少要5500美元，如果租金只有4000美元，那么房东是入不敷出的。

所以是否值的购买用来出租，因城市而异。在房价已经很高的城市，投资出租房回报率相对比较低，不适合买来出租。但在一些房价相对便宜的城市，或许还有很多机会。

❸ 短时间"炒房"的人

如果为了"炒房"，快进快出，可能海外买房也不是一个最好的选择。海外大部分市场除了做改造房之外，也并不适合短线快炒。

纵观全球大型城市的房产，一些经济腾飞、生态宜居、外国买家移民比较多的一二线城市，比如过去几年的美国的旧金山湾区、西雅图、洛杉矶，加拿大的温哥华、多伦多，澳大利亚的悉尼、墨尔本等城市，每年都以两位数的增幅上涨，表现固然亮眼，但和国内比较，也未必比同期一线城市北上广深的房产增值快，还有一些城市房价不涨反跌的，所以并非不存在一定的房价下行风险。

2016年度全球主要大城市房价涨幅、跌幅如下。

2016年度全球主要大城市房价涨幅榜

城市	涨幅
上海	27%
北京	27%
广州	27%
首尔	17%
奥克兰	16%
多伦多	15%
温哥华	15%
阿姆斯特丹	10%
西雅图	10%
悉尼	9%

2016年度全球主要大城市房价跌幅榜

城市	跌幅
迪拜	-4%
德里	-5%
洛桑	-5%
里约热内卢	-6%
伦敦	-6%
苏黎世	-7%
伊斯坦布尔	-8%
东京	-9%
莫斯科	-11%

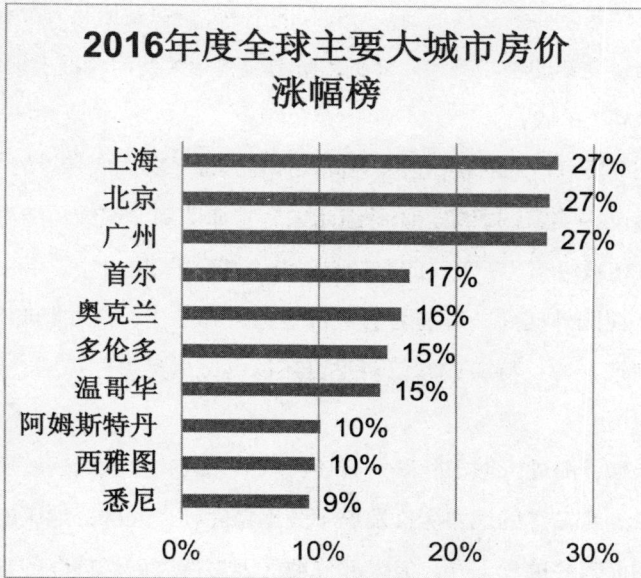

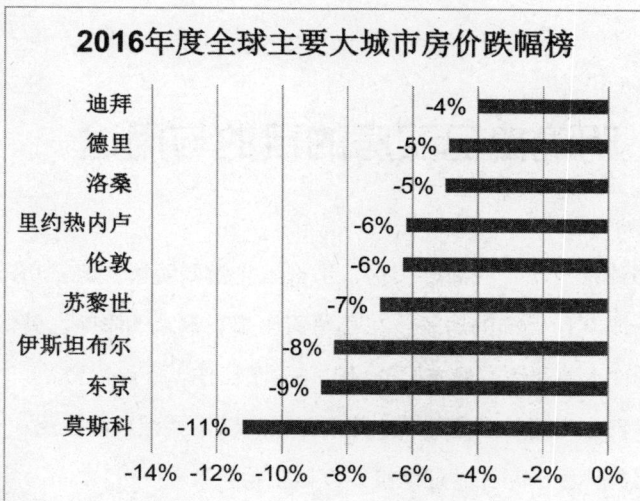

　　在投资者买到房屋还没有出售的空置期中，海外房屋的持有成本也相较于国内要高，比如每年 1% ～ 2% 的房产税，公寓的物业管理费等。房屋空

置一个月，每月就要多交几千到几万元人民币的"持有费用"。在房屋出售时，中介的佣金、交易的手续费、律师费和所得税等相关费用会减少炒房的利润，进一步减少到手的收益。

记得在次贷危机的时候，很多新闻媒体也报道了美国底特律的"1元房"，吸引了很多国内买家的眼球，纷纷组团去底特律买房、买街，结果很久没有升值不说，还被每年几千美元的房产税和维修费套牢了。

总之，在国外买房，可能房价本身看起来并不贵，但在扣除了维护费、物业费、房产税等，持有成本以后是否还值得，也是见仁见智，因人而异，因房而异。

总体来说，海外大城市除了一些移民城市和因科技业迅速发展创造一大批新中产阶层和富豪的地方房价发展十分迅猛之外，大部分地区的房产虽然总体、长期而言会稳步上升。但大部分地区因为各类房产持有的开支以及租售同权的配套。所以可以根据自己的实际情况选择是否购房。

3.2 明确自己买房的目的与用途

如果想清楚，决定在海外买房，那么首先就要明确自己买房的用途，这样会对接下来买什么样的房子，在哪里买房都有很大的影响。就像我们一开始说的，为什么要买房？最主要的目的是为了自住，还是投资？

其中，自住房可以考虑下面这些问题，从以下 4 点理清思路：

（1）是打算平时常住，还是打算度假用？

（2）常住的话，是打算住短期（5 年以下），中长期（5 年以上）？

（3）房屋在入住期间，大概会有多少人居住？是"单身贵族"之家，还是为了家庭？是否有或者将来打算要孩子？是否会有其他家人同住或者经常有亲友来访暂住等。

（4）主要家庭成员的工作地点以及出行方式。

而如果是为了投资而买房的话，可以考虑的方向有以下两点：

（1）主要投资收益的来源，是来自房产本身因为市场所带来的增值？是来自出租的租金收益？还是拍卖房，或者旧房子改造翻新以后的获利？

（2）打算持有的时间，是打算长期持有，还是打算一年或几年以后卖掉？

3.3 购房预算与资金准备

没钱买不了房，你的预算对能买到什么样子的房子起着决定性作用，当欲望和能力达到平衡以后才会获得理想的结果。所以想好了自己的买房目的以后，就要考虑自己手头有多少预算以及资金来源。

3.3.1 打算以什么方式购买，现金还是贷款

首先应该考虑的是付款方式，因为付款方式对目前自身的资金要求区别很大。

❶ 贷款

一般来说，如果可以获得贷款，那么贷款买房可以尽量利用杠杆。贷款可以让你买得起更好、更贵的房子，也减少了自己的现金压力。而目前海外买房的利率也在低点，用银行贷款以比较低的利息买房可以让手头的资金更充裕，把多余的现金投入回报率更高的投资上面。

但是，并不是每个人都可以获得贷款，而贷款的比例随着个人情况的不同也有所不同，需要了解自己可以贷款的额度和最低的首付比例。我们前面

提到过，一般公民或者永久居民，有时候甚至可以仅支付 5% 的首付，但一般外国人如果贷款，需要支付至少 30% 的首付，根据房价不同首付比例的要求也会不同。

如果贷款的话，就可以考虑先找银行做 pre-approval，也就是"贷款预批"，在给银行提供了收入信息、信用记录、资产负债情况等简单信息以后，银行会大致做出可以给你贷款多少的预估并且出示银行的"预批信"（ pre-approval ）。

这样，你可以弄清楚自己能够买多贵的房子，将来贷款的时候也不至于出现意料之外的状况，在联系经济人看房的时候对方也会觉得你更有诚意。有时候一些比较火的地区如果你没有做过银行预估，很多中介都不愿意带你去看房，房屋卖家也偏好做过预估的贷款买家。

关于贷款详细流程和选择我们还会在接下来的章节里详细介绍。

❷ 现金

也不是所有的人都可以采用贷款买房，一些房子也不能使用贷款购得，所以也有很大一部分人用现金全款购房。这种情况主要有以下几种：

（1）学生 / 低收入 / 无稳定职业者

不管是公民还是以外国人的身份贷款，都需要提供收入证明、工作证明、资产情况以及适用的信用记录等。很多银行对于贷款和收入的比例有一定的规定，比如美国要求每月还贷支出不超过每月总收入的 1/3，英国要求购买的房子不超过收入的 4 ～ 5 倍等。所以学生、收入较低或者收入来源不稳定的购房者靠自己几乎很难获得贷款。

一般学生没有收入来源，即使是博士有一定的奖学金、助学金，大都也不足以支付房贷。虽然很多学生实际上可能得到父母资助可以帮助还贷并支付首付，但其本身的收入却并不能通过银行获得贷款，除非让其他收入较高的人共同买房，申请作为共同还贷人。

在这样的情况下，如果想以自己独立的名义买房，就需要付全款。

（2）市场火爆，需要抢房

当一些购房市场非常火爆，或者某个时期房屋价格比较低的时候，比如旧金山湾区、西雅图，几年前的伦敦、温哥华等，一套房子一上市往往会有很多人抢。在价格相同或者接近的情况下，这时候现金购买比起贷款购房有着更为明显的优势。

现金购买，对卖家而言，减少了买家贷款是否可以获得批准的不确定性，交易过户的时间也大为缩短了（往往可以省去 1 个月以上的时间）。所以，如果价格差距不大的话，很多房屋卖家会更青睐现金购房者。

（3）买地

和国内不同的是，在美国、加拿大、澳大利亚、英国这些国家土地是私有制的，所以你也可以买一片地皮然后自己建房子。但是，购买土地本身一般是不能获得贷款的，需要现金购买。在建房子的时候，建设费用也不是普通的住房贷款（mortgage），而是一种特殊的建筑贷款（construction loan）。

（4）银行、法院拍卖房

虽然说离上一轮经济危机已经过去了一段时间，但市场上依然会有一些因为屋主无法还贷而被银行持有的拍卖房（foreclosure）拿出来卖。一般法拍房、银行房可以用比市场低的价格买到，有些甚至可以比同类的正常交易房价格低 30% 左右。但拍卖房一般不能用贷款，需要现金购买，买家需要在拍下房子以后规定的时间内支付现金。

有时候，这样的房子房屋内部也需要修修补补，买家还需要花费一笔现金去维修翻新。但因为价格上还是有不小的优势，法拍屋对于现金充足，做好功课的买家而言，是一个投资或者买便宜房子的好机会。

（5）需要改造翻新的破旧房子

在一些好地段有一些破房子，几乎都不能住人，但也会有人买下来翻新或者重建。这些需要自己改造翻新的房子，或者说，买房实际上是为了买地，然后把老房子推倒重建的房子，银行也不会批贷款。

因为银行批贷款需要对房子的价值进行评估当作抵押，在这种情况下房子本身没有太大的抵押价值，一般估价会低于卖家的挂牌价，或者达不到贷款标准的房子。这种属于投资改建性质的房子，往往也需要现金购买。

（6）租赁土地房

在英国不是所有的房子都是永久产权的，有一些房屋建造在租赁的土地上，它的拥有权也叫作 Leasehold——租赁土地房。土地租赁期有几十年到几百年不等，但如果一个房屋它的土地还有几年、十几年、几十年就要到期的话，到时候土地续租就会有一定的不确定性，银行也不愿意为此类房屋提供贷款。

性质相对类似的，美国有一些"移动屋"，乍看之下和普通的独立屋区别不大，但其实房子实际上是可以"移动"的，房子的土地也不属于屋主，而是屋主每月要向移动屋社区支付土地租金，这样的移动屋往往也不能获得正常的房屋贷款。

3.3.2　你能买得起多贵的房子

如果想好了付款方式以后，那么接下来就可以看看自己大概可以买多贵的房子并做好预算。

一套房子的成本，包括：

（1）一次性支出：首付（或者全款购房的房款）、买家部分的交易手续税费（不能贷款，需要现金支出）以及入住前所需要的装修改建费用（弹性余地较大）等。

（2）每月、每年重复支出（养房成本）：贷款还款、地产税、物业管理费、房屋保险、水电煤网等杂费。

对于一套房子，当你手头的流动资金可以满足 A，而以后的收入、现金流可以满足 B 的时候，就是你真正可以驾驭的房子。

所以要确定买得起怎么样的房子，可以考虑以下几点：

如果是全款，那么你有多少流动资金（可以马上变现的资产，包括股票、期权、存款、现金、活期理财等）？买房以后养房是否可以负担。

如果是贷款，你能出多少首付，每月的还款能力如何？平时还贷 + 房屋其他日常费用 + 自己日常生活开销收入是否负担得起？一般来说，每月还贷不应该超过收入的 1/3，贷多了银行也不愿意批。

贷款购房交易的实际支出：

假设你作为买家，要贷款购买一套 100 万美元的房子，如果按首付 20%，你实际支付的并不是 20 万美元。

很多银行都提供过户费计算器，以美国的美洲银行（Bank of America）为例：www.bankofamerica.com/mortgage/closing-costs-calculator

你的过户交易相关费用大概需要 4.6 万美元，这里包含一部分地产税、银行手续费、文件费、房屋评估费、房屋保险（如果贷款的话银行会强制要求你买保险，现金的话就是随意的）等，所以你过户时实际需要准备至少 24.6 万美元。

当然，如果你是全款现金过户，至少省去了银行的那些手续费，也可能省下不少保险费，所以过户交易费就会少很多。

关于不同国家的买家、卖家的交易费用，我们会在接下来的章节里进行详细介绍。

3.4 对于买房的时间有多急

如果把买房作为一个项目来管理的话，那么给自己设定一个时间进度条，知道自己的"deadline"（购房期限）会很有帮助。

你在买房的时间上是不急着买，打算有合适的机会入手，可以慢慢挑？还是有一定的时间节点，比如结婚、搬家等，要在此之前买房？这些也会影响买房的策略和执行难度，对于手头资金的管理也会不一样。

对自己买房时间线有个规划的话，可以及时地调动资金，或者为申请贷款做好准备，也可以对目前的住所或者租房的租约有所安排。

建议给自己多留出一些时间看房、选房，特别是如果市场上的房源比较少、比较紧俏的情况下。也要考虑交易过户的时间：如果是银行贷款的话，在美国从选定房屋并与卖家签订合同，到整个交易完成过户一般需要1个月，甚至更长。而如果是现金交易的话，那么1～2个星期差不多就可以过户了。

如果你购买的是期房，那么就更需要弄清楚期房的完工、入住的时间，还有交付各笔款项的时间节点，及早进行安排。当然，如果你对入住的要求很急，那么还是购买可以立即入住且不需要太多装修翻新的现房吧！

小　贴　士

　　如果是贷款购房，那么很多时候海外的银行会对购房首付的资金来源有所审查，一般会要求提供 2 个月左右的资金账号的记录，比如银行存款、股票账号信息等。但如果有钱来自于他人（父母亲戚）赠款、借款或者国内汇款等，即使完全合乎法规，审批起来有时候也会更加麻烦。

　　所以如果你有这类资金的话，可以提前在 2 个月之前准备好资金并把钱转入首付账号，这样最近两个月的账单就是比较简单，审批也会方便很多。

第 **4** 章

海外买房的一般流程

海外置业投资
一本通

4.1 不同地区购买新房和二手房的一般流程

不同的地区，购房流程可能会有所不同，而新房、期房和二手房的交易也略有区别，下面我们就来看一看。

4.1.1 美国

一般来说，美国买房几个关键的过程点有：看房选房、出价签合约（offer/purchase agreement）、保护条约（contigencies）、过户准备、交易过户（closing）这几个节点。

❶ 新房

在美国购买开发商的新房，大致是下面这样的流程：

（1）资金准备：获得银行贷款预批（pre-approval，或者全款购房准备资产证明。

（2）登记排队：先留意一下新房小区的广告和房源信息，如果对一个小区的房子比较感兴趣的话，可以去找开发商，出示你的贷款预批或者资金证明，开发商会把你登记在意向名单里。这样如果有房子可以出售，开发商就会通知你来看房选房。一般在美国，新的独立屋可以在4～6个月内完工，而如果是公寓房，一般会在竣工之前的1～2年就会开始预售。

（3）选房、看房：新的小区很多房子还没有建好，是期房，需要等订房了以后开发商才开始建房，所以无法实景看房。但是一般会有样板房（model unit）可以看，还有房型图（floor plan）和区位地图（lot map）和定价，从而帮助你进行选择。

（4）支付定金：如果看到喜欢的房子，选定了一套，就可以支付定金签订购房合同。一般订金是房价的 10% ~ 15%，它有一个保护期，如果在保护期内反悔订金可以退回。同时签订合同的时候一般还有付款时间表，列出了不同的时间点所需要支付的钱款数额。

（5）定制装修：有些新房如果还未建好，一般开发商可以让你选择室内室外装修的风格样式，包括外墙的颜色（独立屋）、室内橱柜的颜色、地板的材质、大型家电等。一般标准化的配置已经包含在房价里，如果喜欢比较高级的配置，可以加钱来升级。

（6）开发商施工：支付订金签约以后，独立屋的开发商就会开始建房（公寓房可能这时候已经开建），在合同里会告知你一个完工的大致日期，但也可能误工。

（7）交房前的检查：开发商交房前的 1 个月，买家可以去实地检查房屋质量，最好可以安排专业的验房师一同前往，看看房子的建筑质量，结构管道线路是否过关，如果不过关可以要求返工。

（8）过户准备：如果房子满意的话，就可以安排时间，联系产权公司和卖家签约过户了。期间需要把资金落实，如果贷款要配合提供银行需要的审核资料确保资金顺利到位。交易日快要到的时候把过户时需要的钱汇款到托管账户。期间还可以联系保险公司、水电煤气公司、安排搬家等。

（9）交易过户：过户那一天需要你（或者你的委托代理人）在产权公司的办公室签署不少文件，完成产权转移，一般过户结束就可以拿到钥匙。有时候交接完还需要买家自行去当地政府登记过户信息，并递交房产税相关的表格、自住房申明。做完这些以后，恭喜你算是买到房了。

❷ 二手房

美国的房子其实更多还是二手房，它和新房的流程略有不同。

（1）资金准备：获得银行贷款预批（pre-approval）或者全款购房准备资产证明。

（2）选房/看房：可以自己选房、看房，也可以从中介给你推荐的房子里看。

（3）出价（offer）谈判：如果对一个房子有意向，可以要来卖家披露（seller disclosure），看看房子有没有什么问题。如果看完了觉得合适，就可以自己或找买家中介填写出价意向书。卖家收到了你的意向书以后，可能会经历讨价还价，最后决定是否把房子卖给你。如果打算卖了，双方就会签订一个购买合同（purchase agreement）。同时买家支付房价几千到几万美金不等的意向金（earnest money，意向金在过户的时候会算到房款里）。

（4）保护条款（contigencies）：一般买家在出价意向书中都会有一些保护条款，其中很常见的一项就是房屋检查。签订购房合同以后1周内可以派验房师对房子检验，看看是否有问题。这期间如果是贷款购房，那么银行会派人来对房屋价格做出评估，评估房屋可以贷款多少钱。一般这些通过了以后，就正式地进入了过户的准备阶段。如果没有通过，那么可以和卖家讨价还价，或者退出并且拿回意向金。

（5）过户准备：你的支付方式会决定你大概需要多长时间可以过户，一般如果全款支付通过房检以后1～2周就可以过户，如果是贷款，则需要30～40天的时间。买卖双方会约定一个过户时间以及产权公司进行过户，还会确定过户时所需要的资金和打钱的账号。在此期间买家可以好好准备资金。

顺便可以安排好搬家、水电费、联系房屋保险等事宜。期间贷款的话银行会要求准备不少材料，要配合他们提供相关资料。交易日快要到的时候把过户时需要的资金汇到托管账户，确保在过户签字的时候钱到达托管账户里。

（6）签约过户：过户的前一天或者当天早上，还有最后一次验房的机会。过户那一天需要你（或者你的委托代理人）和卖家在产权公司的办公室签署不少文件，完成产权转移，一般当天就可以拿到钥匙。有时候交接完还需要买家自行去当地政府登记过户信息。

4.1.2　加拿大

加拿大的买房流程基本上和美国类似。一个要注意的地方是如果购买的是公寓或者联排别墅的二手房，那么在支付订金以后需要向小区物业获得小区相关文件（Status Certificate），里面会有小区的管理要求和财务状况等。

此外，在加拿大获得贷款，比美国要容易和快得多。一般美国贷款审批放贷需要 1 个多月的时间，而在加拿大只要 1 ～ 2 周就可以了。

4.1.3　澳大利亚

在澳大利亚，外国人一般只能购买新房，而本地人、常住居民可以购买二手房。

❶ 新房

在澳大利亚购买新房的流程大致是这样的：

（1）资金准备：获得银行贷款预批（pre-approval），或者全款购房准备资产证明。

（2）选房、看房：在网上或者实地考察满意的房源或者小区，如果不在澳大利亚，可以委托代理考察。

（3）缴纳订金：一般选中了喜欢的房子以后，可以向开发商支付几千澳元的小额订金（小订金以后可以用到房款里），签订房屋认购单，保留房源。交了订金以后，有 1 个星期的"冷静期"，如果双方有人在冷静期中反悔，可以退回小订金。

（4）交换合同（Exchanging contracts）：一般开发商在收到小订金以后就会和开发商的律师准备合同，然后发给买家的律师（conveyancer / soliciter）。如果买家的律师审核以后觉得合适，可以和买家讨论细节条款，买家理解并且同意以后就签字。签字以后把原件发给开发商，开发商签完字以后发还给买家。合同签好了以后，买家需要在 1 周左右的时间内支付总房款的 10%，汇款到买家律师监管的信托账户中，作为"大定金"。

（5）获得 FIRB 批准：如果你是外国买家（不是澳大利亚公民或常住居民），则需要获得 FIRB（外国投资审批委员会）的许可，一般这些交由律师办理。不管是全款还是贷款都需要获得 FIRB 许可。但如果购买的房子已经获得 FIRB 的预批，则不再需要买家重新申请了。

（6）获得贷款：如果是贷款买家，签署合同和获得 FIRB 批准以后，可以把文件复印件发给银行获得正式贷款。期间应该配合银行提供所需的文件资料。如果购买的是新的现房，那么办理贷款以后 3 个月内交房。如果购买的是期房，一般在交房前 3 个月办理正式的贷款手续，会有贷款专员联系你。

（7）验房（inspection）：如果购买的是期房，那么在期房完工后可以去验收。

（8）准备过户：这时候需要落实资金或首付，购买保险等。保险全款购房不需要，但建议贷款需要购买房屋保险。

（9）过户（settlement）：过户一般由你的买家律师（或贷款专员）帮助你完成。一般包括缴纳税费，把房款尾款转给买家律师的第三方账户，由买家律师再转给卖家或开发商律师账户、办理产权过户、注册登记等。如果是全款，那么你会获得钥匙，转让文件和产权证，如果是贷款，那么贷款银行会收到转让文件和产权证。

❷ 二手房

如果是澳大利亚公民或者常住居民，或者打算买套二手房推倒新建、加建的，那么可以购买二手房。二手房的购买流程大致是这样的：

（1）资金准备：获得银行贷款预批（pre-approval），或者全款购房准备资产证明。

（2）选房、看房：自己或者代理的中介一起选看满意的房子，同时还可以阅读"卖家声明"，里面会有房子的一些资料披露。

（3）出价谈判：如果看了一个房子觉得合适，就可以自己或找中介填写开价意向书（offer），有时候如果一个房子抢的人比较多，中介可能会要求你出一小笔诚意费（Expression of Interes，一般是房价的 0.25%，可退还）。卖家收到了你的意向书以后，可能还会经历讨价还价，最后决定是否把房子卖给你。如果同意了，卖家律师就会开始准备合同。

（4）交换合同（Exchanging contracts）：卖家律师会准备合同，然后发给买家律师，买家律师审核后和买家解释，如果买家同意，双方都在购房合同上签字且一式两份。买家支付 10% 左右的订金，会有一个 5 ～ 10 天的冷静期，冷静期内如果反悔，可以在支付 0.25% 的罚金以后退回订金。

（5）正式贷款：这时候应该出示买房合同，和贷款专员合作把正式贷款批下来。这期间银行会派人对房子进行估价，决定是否可以给你申请的贷款。

（6）准备过户：这时候需要落实资金或首付，购买保险等。保险全款购房不需要，但建议贷款需要购买房屋保险。

（7）完成过户：一般在合同签订 6 周以后，会进行正式的交易过户。交易过户由买卖双方的律师协调进行，一般在成交日的时候购房款的余额应该转到卖家指定的账户，同时卖家会交付产权证等文件。如果是全款，那么你会获得钥匙、转让文件和产权证，如果是贷款，那么你的贷款银行会收到转让文件和产权证。

4.1.4　英国

❶ 新房

在英国购买新房的流程大致是这样的：

（1）资金准备：获得银行贷款预批（pre-approval），应当向贷款专员说明是购买新房，或者全款购房准备资产证明。

（2）选房、看房：在网上或者实地考察满意的房源或者新房小区，了解开发商的实力信誉。一般小区有样板房可以看（show homes），可以给你一个大致的轮廓。

（3）缴纳定金：一般选中了喜欢的房子以后，可以向开发商支付一笔小额预付款保留房子。这时候还可以试着和开发商谈谈价格，或者看看他们能否分担一部分的买家交易费，或者给房屋装修升级一下。

（4）寻找律师：这时候你需要请一个律师来处理买房相关的法律问题，律师不但会审核合同，还会帮你调查产权，获得房屋以及附近区域相关的信息。

（5）贷款评估：告知贷款专员需要买的房子以及价格，他们会安排相关人士对房屋价值进行评估，以判断是否可以贷到需要的贷款数目（如果全款可以忽略这一步）。贷款途中应该配合贷款专员提供相关资料，一般还会被要求购买房屋保险。

（6）交换合同：请律师审核合同，律师审核以后会和你解释合同的内容。如果没有异议的话双方律师在合同上签字并互相交换合同，并确认一个交接日期。买家支付购房定金（一般是 10% 的房款）。

（7）检验房屋：如果是现房的话，在交接之前甚至交换合同之前可以请专业验房师（surveyor）来验房（snagging survey），看看有没有什么问题。而如果是期房，一般在期房竣工之前请人验房。英国的很多新房都会提供 10 年的 warranty（保修），给人比较放心的感觉。

（8）交接入住：交接的时候，你的律师会帮助你把余款打到卖方律师指定的账号，获得产权证书，完成交接手续。同时缴纳印花税，向政府申请土地所有权登记备案，正式移交所有权。如果购买的是期房，一般在签订合同以后 1 年左右可以正式交接，如果是现房，那么一般签订合同以后 1～2 个月就可以交接了。

❷ 二手房

在英国，二手房的流程总体而言与新房类似，一些小区别如下：

二手房的房屋是现成的，所以可以实地考察，因此不需要等上一年半载就可以交接入住。

二手房还可以和个人卖家讨价还价，余地可能更大一些。

相比于新房而言，二手房的贷款也更容易获得。

二手房的验房一般比起新房要更加细致一些。

4.2 买房路上的帮手们

买房的过程有时候就像去西天取经，一路上你需要几个帮手为你保驾护航，扫平困难，其中最主要的是他们。

4.2.1　中介

首先，并不是所有的买房交易都需要中介。一般如果购买新房，买家可以直接和开发商或者开发商委派的代理去谈；拍卖房和屋主直卖房 / 私下交易房（For sale by owner）也并不需要找买家中介。如果你对看房、买房很有经验的话，中介的作用可能会更小一些。

不过，在海外的大部分二手房交易用中介协助的比较多。对于买家而言，一般中介起到的作用有以下这些：

（1）帮你寻找、筛选，并且推荐符合你要求的房子。

（2）带你实地考察你感兴趣的房子，同时可以给你一些房屋状况方面的参考意见。

（3）给你提供一些市场情报和社区情况。

（4）给你喜欢的房子在出价报价的策略上给出一些建议。

（5）帮你起草出价意向，代你和卖方进行沟通。

（6）协助你和卖方、律师、贷款银行进行沟通，起到一部分项目管理推进的作用。

作为买方，你不需要支付中介任何佣金，买卖双方中介的佣金都是卖家支付的。

当然，因为佣金和成交价有关，所以有时候你和你的中介利益并不完全一致，这时候可能需要你对你的出价冷静一些。

但中介市场有时候也良莠不齐，不少中介是业余兼职的，我接触过一些中介对市场或者对要看的房子的情况懂得还没我多。那么如何找一个靠谱的中介呢？可以从下面几方面来看看：

（1）他的个人背景，从业经历，成交过的房子数目，获奖情况等。

（2）他的性格如何，和他人沟通的沟通能力如何，在业内是否人际关系口碑良好。

（3）他是否有足够的时间，并且愿意和你沟通为你服务，而不是手头客户太多应接不暇。

（4）他的英语和中文（说和写）语言能力是否过关。

（5）他对你喜欢的地区的情况和物业的价格水平以及趋势是否了解。

（6）他平时主要办理的房屋是否和你想要买的房屋类型一致（比如价位、房屋类型：景观房、豪宅、公寓、廉价房等）。

（7）他本身手头有没有房源。

（8）他在网上是否有评价、评分可以看，或者他能否提供过去客户的评价。

小 贴 士

（1）一般来说，你也不需要绑定一个买家中介，特别是如果你的房源都是自己找的，只是让一个中介协助你看房和出价的话，比较常见的做法是让带你看房的中介代理这套房屋的出价。但如果你委托一个中介帮你寻找房源推荐，和他签订了"独家买家代理的协议"，并且经常找他咨询的话，最好还是找他进行交易，这样也比较礼貌。

（2）有时候，如果你特别想买一套房，而那套房竞争比较激烈，有好几个买家同时感兴趣，也可以找卖方中介，或者卖方中介推荐的中介作为你的买方中介。这样的好处是你可以第一手获得其他竞争者的信息，从而给出一个比他们都好的条件，而卖方中介也会在卖家那边更推荐你的条件（这样卖方中介就可以独享买卖双方的佣金，而不需要和另一个买家中介分享佣金）。

但另一方面，这样做也有不小的弊端：如果买卖双方的信息都是同一个中介来传递的话，这样就会加剧你和中介之间信息的不对称，而且因为佣金的比例高，所以你和中介的利益冲突就会更明显，结果就是你有时候会以比正常情况下更高的价格买下这套你想要的房子。所以除非你对一套房势在必得，非买不可，否则不必要找卖家中介来做你的中介。

（3）如果一个地区的中介比较多，有些中介可能会为了争取到更多的客户给买家提供佣金返利，比如你买了房子以后他会从他收到的 3% 成交价的佣金里抽出 0.5% 或者 1% 返还给你。在这种情况下，如果一套上百万美元的房子，有时候你能得到几千美元甚至近万美元的佣金返利。所以找中介的时候不妨谈一谈，看看他愿不愿意提供返利（rebate）。

4.2.2 律师

买房子和买咖啡不一样，涉及的金额较大，过程也相对复杂，涉及不少法律问题和文件，对专业性的要求也比较高，所以有律师把关协助很重要，可以避免很多不必要的麻烦。

一般来说，律师在买房过程中起到审查合同、调查产权、完成交割、政府登记等重要的作用。

（1）审查合同：买家律师收到了卖房准备的合同以后会进行审核，如果没有问题的话会和买家讲解主要内容，让买家对合同有一个充分地了解以后签字。如果有异议买家律师也会协助合同的修改，直到买卖双方都同意并签字。

（2）调查产权：买家的律师会对购买房屋的产权进行调查，确保产权清晰、买卖合法。如果在产权文件里有一些使用限制则应向买家说明。有时候律师还会调查房屋周边的市政规划以及环境报告（是否有污染之类），让买家享有充分的知情权。

（3）完成交易：在正式过户交易的当天会有不少文件需要签署，买家的律师可以代表或者协助买家现场签署相关文件。

（4）政府登记：交易过户以后，有时候买家律师还需要帮助买家在当地政府房屋产权登记处对房屋产权的变更进行登记，让政府把买家的名字记录备案，以及申报自住房税收豁免等。

❶ 美国

在美国，并不是每个州都需要律师来进行交易。有些州，比如纽约州、亚特兰大所在的乔治亚州，南、北卡罗莱纳州是规定要执业律师参与房产的交易和文件的检查监督的；但大部分的州，包括洛杉矶、旧金山湾区所在的加利福尼亚州、迈阿密所在的佛罗里达州、西雅图的华盛顿州等，这些州都没有规定买房一定要请律师。

在这些州，如果你愿意花时间认真阅读合同，或者交易比较简单的话，买房一般不需要律师。有些律师的责任，比如调查产权、协助完成交易和政府备案也会由经纪人或者产权公司来做。

但如果在这些不需要律师的地方，你对当地交易不太熟悉，涉及的房产金额比较大，或者交易比较复杂的话，最好也请律师。一般买一套房的律师收费在 500 ～ 1500 美元。

❷ 加拿大

在加拿大，买房必须要有律师，完成交易过户以及向政府登记产权变更这些步骤必须是通过律师完成的。律师也会帮你看合同，以及对产权进行调查，还会列一个表告知你需要做的事情，比如确认贷款、购买保险、开通水电煤气等，并帮你计算过户当天所需要的费用（房款、首付加上其他相关税费）。一般加拿大买房律师的费用在 1000 ～ 1500 加元。

❸ 澳大利亚

在澳大利亚，法律没有规定你一定要找律师完成交易，但一般还是推荐找一个律师来协助买房交易。如果你有一定的法律基础、时间和精力、对流程熟悉。不请律师的话，可以购买 DIY 自助房产交易工具包（DIY Conveyancing Kit），只需 80 ～ 150 澳元，网上就能买到，有些还提供电话咨询，每个州都有自己不同的工具包，千万不要买错。

一般来说，如果人不在当地，或者对购房法律和流程不熟悉的话，还是建议请一个律师，律师会全权协助关于购房合同、订金、税费计算、房款支付、房屋交割，政府登记等一系列步骤。律师比较专业，也省去了很多自己的时间和精力。一般律师费在 1000 ～ 2000 澳元。

❹ 英国

在英国，虽然你有时候也可以自助买房，但是聘请一个律师是强烈推荐的，绝大部分买家也会聘请律师来进行交易。律师在烦琐的交易过程中会给你带来很大的方便，也让人更加放心。律师会协助你完成一系列复杂的买房工序，包括合同审核以及合同交换，产权记录调查，获取相关的政府报告、房屋交割、产权转让等。

一般律师收费在 1000 ～ 2000 英镑（但你不需要聘请在购房地本地的律师，比如你在伦敦买房也可以聘请其他城市的律师，有时候可以省下一些费用）。

一般中介会也会向你推荐一些律师，也可以在网上找。

一般找一个信得过的律师，要看是否有资质、相关经验、对客户的问题回复是否及时、收费标准以及收费包含的内容项目。当然，如果会讲中文沟通顺畅最好。

4.2.3 贷款专员、贷款经纪人

如果你打算贷款买房，那么找到一个靠谱的贷款专员就相当重要了。

贷款专员有银行直属的，也有第三方的贷款经纪人。

贷款专员会审查或者指导你是否符合贷款的条件，并且根据你的需求偏好、个人情况，为你找到最合适的贷款方案。

如果不是当地的公民或常住居民的话，最好找熟悉办理外国人贷款业务的银行和贷款专员。有的时候小银行或者华人银行或国际性的银行比本地的大银行要给力，效率更高。本地的不少大银行很多人对于国际买家的贷款业务并不熟悉，或者根本不做。

贷款的时候可以货比三家，因为不同的银行机构贷款利率还是会有不少的差别。有时候还可以交给银行一笔贷款申请费（也叫点数 points）从而获得更好的利率，在比较的时候需要比较同一个点数下贷款的利率。

利率的话一般每天都在变化，所以需要让贷款专员跟进，告诉你贷款的利率变动，可以找比较好的时机锁定利率。

第 5 章

选房与看房

海外置业投资
一本通

考虑好了买房需求和预算以后，了解了买房的大致流程，我们就可以开始找房选房子。

房源大致可以按照房子种类分成公寓、独立屋、联排等，也可以按照交易方式分成新房和二手房。这些不同的房子各有千秋，适合不同的生活方式的需要，而新房和二手房在购买上也有所不同。我们接下来就会进行详细比较分析。

5.1 常见房屋的类别

首先，我们可以按房子的类型分，主要可以分为：私宅独立屋、别墅（Single Family / House / Detached）、联排别墅/排屋（Townhouse / Link House / Row House / Terraced House）、公寓/康斗（Condo / Apartment / Flat）、合作住宅（COOP），移动屋（Mobile Home）等，此外也可以直接买地（lot），或者还有投资型的多单元住宅（multifamily）。

那么这些不同形式的住宅有什么特点、区别、优点和缺点呢？我们接下来看看吧。

5.1.1 独立屋、别墅（Single Family / Detached / House）

独立屋是海外最常见的房屋品种，也是很多国内的购房者非常向往的一种房屋类型。很多人都梦想有一片真正属于自己的土地，那么独立屋就可以满足这样的要求。独立屋/别墅不一定是很大的豪宅，可以是林中小木屋或者小平房，可以是环境优美小区里整齐划一的独栋别墅，也可以是一个大型的庄园。

在主流的美、加、澳、英这些国家，独立屋业主大都拥有对房屋和土地的永久独立产权，也不和邻居共用墙，大部分时候也不受邻居和物业委员会管制，自由度最高。

（独立屋，公共版权图片）

独立屋拥有房屋和占地的独立产权，可以对房屋内外改建、加建，是它们最吸引买家的地方（当然，如果房屋要改建、加建等，一般也要向当地政府进行申请，获得批准以后才可以施工，并需要申请验收）。

而比起千篇一律的公寓和联排别墅，独立屋从面积、房型、外观、花园等可以有更多的选择和独特性，从几十平方米到上千平方米，单层的、错层的、多层的，西班牙式、法式的，等等，应有尽有。

总结起来，独立屋最大的优点主要就是灵活性。

独立屋是大部分买家最喜欢的房屋类型，长期占据买家首选的"半壁江山"。而相同地段下的独立屋比起公寓、联排别墅更加容易升值保值。

独立屋的优点有：

（1）拥有对房屋和土地独立永久的产权。

（2）房型选择广泛，面积从小到大都有。

（3）设计造型多样，从古典到现代，从小平房到城堡级豪宅都有。

（4）隐私更好。

（5）改建、加建、外部翻新更灵活。

（6）使用限制少，更灵活（包括出租、养宠物等）。

（7）有地，可以当花园或者加盖游泳池，花园面积可以从几百平方米到上千、上万平方米不等。

（8）车位充足，不用担心访客到来找不到车位停车的窘境。

（9）因为拥有土地的独立产权和改建房屋的灵活度，一般来说比公寓和排屋更加保值升值。

当然，独立屋也并不是适合所有人，它也有下面的一些缺点。

（1）维护成本高／麻烦。

（2）缺乏公共设施、会所。

（3）同等地段，面积、装修比公寓和排屋价格贵。

（4）一般地段相对偏一些，大多在郊区，大城市市中心独立屋房源十分稀少。

有时候地并不是越大越好，一片大土地和大院子，多了发挥的空间，但也增加了维护的精力、成本。大片的土地和花园对喜欢私密性好、喜欢园艺或者喜欢泳池的人可能是天堂和梦想，而且对有孩子或者饲养大型宠物的家庭，会有更多的户外活动空间。

不过相对应的，对于那些怕麻烦的人来说，大面积土地的维护成本和精力也不容小看，房主要负责至少前草坪的除草（否则会被邻居投诉影响市容），如果是下雪的地方，冬天也要找人或者自己来清扫自家门口人行道路的雪，对于那些怕麻烦的人、老人或者工作繁忙的人士而言，这些维护成本就会比较高。有时候，地太大可能会让人觉得冷清（当然有时候可能会有野生动物出没），在一些治安一般的区域，也没有邻居或者物业帮你留意安防状况。

对于喜欢步行或者使用公交的人而言，特别是老年人和孩子，设在郊区独立屋的出行和周围配套可能不是那么方便。海外大部分的城市基建公交比国内落后不少，在郊区基本靠车出行，和国内出门走几步或者坐个地铁就能逛商场、看演出很不一样。当然，也有地段比较好、出行便利的独立屋，但一般占地较小或者非常昂贵。

独立屋适合：自住的家庭、有小孩的业主、喜欢隐私、喜欢个性化设计和灵活性、不怕折腾麻烦、爱园艺的人、养宠物的人。如果是投资，一般是靠房屋升值或者翻新改建获利的投资客。

5.1.2　康斗、公寓、平层、复式（Condo / Apartment / Flat / Penthouse）

多层或者高层的公寓楼大概是最接近国内商品房的房屋种类，在人口多、密度高的大城市比较常见。

这种商品房的公寓楼在美国和加拿大叫作 Condo（也叫康斗），便于与以出租用的出租性公寓（apartment）区分开来，在其他国家比如澳大利亚也叫作"apartment"，在英国叫作"flat"。

和独立屋不同的是，公寓的草坪、公共走道、房屋外部结构和小区公共设施是小区所有屋主共有的。公寓业主仅拥有公寓单元内部的空间的产权和使用权。

每个公寓都有一个业主委员会（Home Owners' Association，HOA）或者物业公司，以下简称业委会。公寓户主每月缴纳一定的物业管理费，而物业也会管理公共区域，不少小区都配有一定的配套设施，比如健身房、娱乐室、儿童乐园、公共绿化等。这样的公寓极其适合忙碌的上班族，不喜欢麻烦的懒人和喜欢物业提供服务减少自己打理麻烦的老年人。有些高层的高级公寓可以在高处看到普通别墅所看不到的都市和自然景观，配合豪华的物业设施和管理，居住舒适度不比住别墅差。而随着城市化和大城市的人口越来越多，越来越多的新建住宅也以公寓为主。

（公寓，公共版权图片）

公寓和别墅最大的区别在于产权，相比别墅屋主从房屋到土地都完完全全地属于自己，公寓的业主拥有的只是公寓单元内部的所有权，而房屋外墙、屋顶、共用的设施、土地都是小区业主共有的，这些公共财产的维护和改建需要经过小区业主组成的业主委员会（HOA）通过才可以进行，因此个人屋主对于这些地方并不能进行改建、改动。

此外，在美国、加拿大和澳大利亚，大部分公寓的业主对房屋还是有产权，对于公寓的土地有集体产权的。但在英国，很多公寓属于 Leasehold，也就是它的土地是租的，从几十年到上百年不等，如果公寓的土地租期到期了，还需要和土地的主人进行续租手续。

此外，虽然公寓业主拥有自己单元的产权，但使用上也会受到小区业主委员会一定的限制。有些小区业主委员会管理比较严格，还对公寓单元是否可以出租给他人有所规定，如果有些小区规定租客只能占30%，而目前的租客额度已经满了的话，你想把单元出租就必须等其他房东腾名额出来。不少车位紧张的小区对停车也有一定的安排和要求。

也不是所有的"公寓式住宅"都是多层和高层，美国有一些房屋叫作"Detached Condo"，独立式公寓，外表看起来和普通的别墅没什么两样，也是一栋独立小楼，但区别在于这样的房子土地和产权的性质，以及日常维护的责任都和公寓一样，每月也需要缴纳物业管理费，受小区业主委员会监督。

就像北上广深的市区大都是公寓一样，国外特大城市的市中心也是以公寓为主，独立屋非常少或者天价，对于不喜欢通勤或者喜欢周围生活配套齐全可以走路、吃饭、买东西的人而言，一般都会买公寓。

而公寓对于很多怕麻烦、不喜欢打理房屋、院子的人来说再合适不过了，加上不少公寓小区都有小区配套，比如花园景观、网球场、公共泳池等，会给人带来极大的便利。对于买房用于出租的投资客而言，房主买了公寓出租省去了很多房屋结构性维护、草坪和环境打理的问题，就算在其他国家某一城市的房子遇到这些大问题一般公寓都会负责、不用自己太担心，如果公寓物业费里包含水电煤气费用就更加方便了。

相对低的总价，也是很多入门级买家的选择。

公寓的优点有：

（1）同等地段、配套、面积、质量下价格相对便宜。

（2）地段相对繁华便利，一般市中心的房子主要都是公寓。

（3）方便、有管理和物业对外墙、屋顶、水管、绿地等进行定期维修。有些物业费还包括了水电热等，不用自己麻烦。

（4）对于买了公寓用来整租的异地投资客，如果租客反映房子遇到了问题，有小区物业管理维护起来也方便得多。

（5）维修价格便宜，与邻居、社区平摊。

（6）小区环境和公共配套更好。

（7）有时候更安全，一般有保安或者管理员，还有邻里监督。

公寓的缺点有：

（1）土地和公共结构无独立产权，没有占到"土地"的完整权益。

（2）公寓房的装修也没有独立房那么多的自由度，你不能对房屋进行加建、改建和对外部结构的改造，不能把外墙涂成自己喜欢的颜色。因为这些属于业主共有的。当然，一般公寓对于室内的装修和不影响他人的小结构的改动不会有太大的限制。

（3）在英国等地方，有些公寓的土地是租的而不是由业主持有的，如果到期需要土地续租，或许会有额外的手续和麻烦，也带来了一些不确定性。

（4）公寓住户每月要交物业管理费（HOA Fee），从1000元人民币到几万元人民币都有。当然，有些物业管理费里面包括了水电热、保安和一些俱乐部高尔夫球场的使用权，而有些小区物业费里基本什么都不包括，只包括维修和公共绿化，所以一定要弄清楚物业管理费包括哪些费用

（5）有时候使用有限制，比如有些小区的物业对出租、饲养宠物有限

制，由业主委员会大部分成员决定，一般都会写在小区的章程上。所以，买了以后不一定可以出租，还有一些业主委员会不让养宠物，这些都要提前了解。

（6）隐私性较差，在美国、加拿大不少中、低档的公寓一般为木质结构，因此隔音性能比较差，这样有时候路边小区噪声、自家和邻居的活动可能会互相影响。对于这样的公寓，一般选择顶楼或者边套私密性会相对比较强。

（7）车位紧张，海外大城市地段好的地段的土地一样寸土寸金，所以车位也是稀缺资源。一些公寓的车位需要额外购买，或者每户指定配送 1 ～ 2 个车位，对于家里有几辆车的朋友们可能停车就会是一个让人头痛的问题，如果打算找室友合租的话很可能小区配备的车位会不够，如果喜欢在家里开派对请朋友来玩客人来了也会找不到车位。当然，如果在市中心有公交、地铁步行方便的话也会减缓一部分问题。

（8）没有花园，对于喜欢花花草草，或者有更大户外私密活动空间的朋友们而言可能会比较遗憾。

（9）升值性相对于独立屋略差，因为缺乏灵活性，也不能改建，一般公寓升值和投资价值比不上独立屋。但这也不是绝对的，地段、景观等因素相当重要。一般一套房屋升值最主要的一部分原因在于它的土地升值，而建筑本身如果不投入额外的钱保养、翻新是会随着时间逝去而贬值的。所以土地共有的公寓升值比不上同地段拥有独立土地产权的独立屋。

其中，每月必交物业管理费是不少买家不喜欢公寓房的原因之一。但物业管理费也不一定是坏事，因为它也平摊了一些公共设施的成本。当然，不同的小区物业管理费包括的项目也不同：有些物业管理费里面包含水电热、保险、草坪维护，小区公共设施比如网球场、俱乐部、健身房和一些高尔夫球场会员费，有些小区物业费里基本什么都不包括只包括维修和公共绿化，所以一定要弄清楚物业管理费包括了哪些费用和项目。

公寓适合人群：希望住在大城市、地段繁华、交通便利的人士、年轻家庭、单身人士、平时忙碌的人、怕麻烦、动手能力一般的懒人、预算有限的人、退休人士（有电梯好打理）、买房整租的异地投资客。

COOP 合作式住房：

在特殊情况下，有一种 COOP——合作式住房，或者说是集体产权房，有点像"公社"。其屋主相当于购买了大楼、社区里面的股份，成为大楼的会员，而不是拥有一套单元房的产权。这样的合作式住房在美国的一些东部和中部的大城市，还有加拿大比较常见。

大部分的合作式住房都以自住为主要目的，不太欢迎投资出租和租客，对住户买家的审批和使用限制更加严格，买家需要通过住房业主委员会面试，看看他们是不是喜欢你，约束也更多。

因此合作式住房 COOP 一般比产权式公寓 Condo 便宜。而相比正常的传统公寓，合作式住宅有时候贷款也会难一些，特别是如果一幢楼里有人贷款还不上违约了，影响了整栋大楼的财务，银行可能就不会给其他邻居住户提供传统贷款了。

因此不少 COOP 的开发商本身，或者他们的合作银行、金融机构会提供贷款，称为合作式住房的赞助方（sponsor）。

老年公寓 / 养老社区：

还有一类公寓房是为老年人、退休者打造的，叫作养老社区或者老年公寓（senior community / age-restricted housing），类似养老房——这样的公寓是产权式的，与租的老年公寓有所区别。老年社区对于买家和住户的年龄有限制，一般 55 岁以上。这些社区的房价一般会有优惠，但每月的物业管理费会略高，有一些更适合老年人的配套设施。

5.1.3 联排别墅、排屋（Townhouse / Link House / Terrace House / Row House）

联排别墅 Townhouse 介于独立屋和公寓之间，价格也介于独立屋和公寓之间。一般联排别墅在居住上更类似于独立屋，比起公寓屋私密性稍强、面积也会稍大、有属于自己的小院子，房子下的那片小小的土地也归你所有，屋顶和车库也归自己管理。

（联排别墅，公共版权图片）

联排别墅一般出现在大中型城市市区或者近郊，土地相对紧张的地方，比如纽约、旧金山、蒙特利尔、多伦多、悉尼、墨尔本、伦敦等地。

但联排别墅也会受到小区业委会的限制和管理，屋主也不能太随意对房子的共用墙和屋顶进行结构性改建、扩建，影响到和你共享结构墙、地基的邻居。

联排别墅在管理上更接近公寓，和公寓相似的是，不少联排别墅小区也和公寓小区一样有一些公共设施或者会所，大都会受业主委员会（HOA）的限制，但不会像公寓那样管得那么宽泛，也没有出租或者宠物的限制。会收取物业管理费，而一般都会比公寓低，业主委员会也会派人定期维护外墙、公共绿化、冬天铲雪等。

虽然联排比起公寓灵活度高一些，且拥有房子所在地皮的产权，但联排对于改建的自由灵活度还是有限，拥有的土地也不大，结构性的改建也不能随心所欲。一般有小区业委会管理的联排别墅还会要求维持小区房屋外部色彩装修和造型的统一与和谐，但屋主也可以通过窗台绿植，庭院露台打理，大门颜色等细节上进行个性化选择装饰。

此外还应该考虑的是联排房型的问题。因为联排别墅的用地比较紧凑，很多联排别墅都是 3 ～ 4 层楼的多层式设计，对于家中有老年人或者小孩的或许会带来一定的不方便，当然一些豪华型的联排别墅会有套内的电梯。

在纽约曼哈顿中央公园的旁边，或者伦敦的海德公园旁边这些市中心顶级地段，几乎没有独立屋，一个近似于独立屋独门独户的选择就是联排别墅了，其中有些也叫作"Brownstone"（红砖联排），用砖或者石砌成。这样在市中心顶级位置的联排别墅价值不菲，可达数亿元人民币。

5.1.4 移动屋以及特殊住宅（Mobile Home / Manufactured House / Static Caravan）

在美国和英国，有时候如果你用搜房网站或者 APP 搜索房子的时候，会"惊喜"地发现有些房子比周边的房子便宜得多，只有周边 1/4 到 1/3 的价格。房子地段不错，看上去也挺漂亮，和普通的一层小平房一样，有些还带个小露台，怎么会这么便宜呢？

在迫不及待下单之前，别忘了看看房屋的类别，它们很可能是"移动屋"。

移动屋一般是预建集成式住宅，有些确实可以"移动"，有些则是有固定式地基，不容易"移动"的结构。

（移动屋社区，公共版权图片）

移动屋和正常的别墅独立屋最大的区别是屋下的土地。

一般来说，房产的价值在于土地价值和房屋本身的建筑价值。在独立屋的情况下，地和房都是你的，在联排别墅的情况下也近似如此（当然你和邻居要共用一堵墙），在公寓的情况下你的土地是集体产权，但除了特殊的租赁土地公寓你不需要支付地租。

而移动屋一般坐落在移动屋社区里，房子建筑本身归屋主所有，但房子脚下的地皮是向移动屋社区租的，所以每个月要向移动屋社区支付地租，没有土地的产权。自然也无法享受土地的升值，地租却可能受到地价上涨水涨船高。

移动屋最大的好处是房价非常便宜（因为没有地），比如在美国旧金山湾区之类房价平均为 100 万美元左右的地方，移动屋的价格只要 20 万～ 30 万美元，不少移动屋地段不错，交通生活也方便，房屋的品质也可以和普通的平房独立屋相比拟。

因为极其低廉的价格和初始投资，也有一些投资客购买了移动屋以后把房间分租给租客，获得不错的收益。而移动屋本身的"移动"性质，也可以给很多需要经常搬家或者在路上的长期旅行者提供一种居住方式。

当然，坏处就是地皮你需要租，你也每个月要向社区缴纳租金，对土地没有掌控权，如果遇到移动屋社区地皮租金上涨，或者移动屋社区土地主人要把地皮出售改建的时候，移动屋的居民就会比较麻烦。

也并不是所有的移动屋都可以像正常的房屋一样获得按揭贷款，有一些可能需要支付全款，付更高的首付，或者相对高的利息。

还有一些船屋和房车屋，也是类似的情况，一般船屋和房车屋是自己全权持有的，但需要支付停船停车的泊位租金。

5.1.5　关于小区业委会和物业费

公寓房、联排别墅一般都有小区业委会（Home Owners Association HOA）；一些开发商新建的大型独立屋小区也有业委会，但独立屋的业委会管辖不如前两者严格，自由度相对来说大得多。

小区业委会的负责人由小区居民选出，会有定时的居民大会。业委会还会有起草小区管理的协议和章程（HOA Bylaws），会对小区居民对房屋和小区设施的使用进行一定的规定，比如一些公寓不能养宠物，严格控制小区的租客比例、杂物的堆放、房屋外部的美观等。因此如果一个小区有业委会，买家在买房之前应该让自己或者律师留意小区里面的一些住户须知。

业委会也会向业主收取物业管理费，一般外包给物业公司对小区的公共设施比如公共草坪、健身房、网球场、游泳池、景观等进行管理。公寓的话还会管理房屋的外立面粉刷，屋顶等比较大的项目。小区有时候还会举办一些社交活动，让邻里之间互相认识交流。

如果买家要购买有小区业委会的房子，特别是公寓之前，应该从中介或者卖家处获得业委会的章程（一般正规有诚意的卖家都会提供），花一些时间了解业委会的规定，看看是否有和自己的生活使用有冲突的地方，以免购买了房屋以后发现业委会限制自己养宠物或者出租而后悔不已。

如果违反了小区业主规定的话，轻的一般会罚款，如果很严重的话会被小区业委会告上法庭，甚至业委会可以申请拍卖你的房子。

一个小区业委会的经营管理状况也值得了解，包括小区业委会的财务状况，物业管理费并不是固定的，一般小区业委会如果有盈余做应急资金的话，物业费会相对稳定，而有些小区业委会经营不善出现赤字，或者遇到一些项目需要大修，比如换屋顶之类的，预备资金都用完了，那么物业管理费在接下来的时间里可能就会上涨。

此外一个公寓或者联排小区的业委会如果因为管理不善与业主或者物业承包商打了官司的话，那么就会比较麻烦，这个小区的房子银行很难会给批贷款，买家可能需要现金买房，这样大大限制了房屋的出售和买家。我曾经就遇到过这样的一套房子，地段房型都很不错，挂牌比市价低了 20% 以上，后来发现是业委会有官司银行不能批贷款，最后只能放弃了，那套房很久都没有卖掉。

$\boxed{5.2}$ 买地自建？新房？二手房

前面介绍了主要房子的类别，现在根据房屋的性质来聊聊不同的选择吧！

5.2.1 买地自建

先说说买地自建，即使在土地永久产权的美国、加拿大、澳大利亚、英国，在大城市里买地自建其实也不太算一种主流的选择。但这也是国内很难实现的机会，一块地就像一张白纸，给追求独一无二、喜欢设计、有一定专业知识和兴趣的业主们自由发挥的平台。

买地自建的房屋有不少优点。首先在于可以百分百个性化，可以根据自己的喜好、审美和生活居住习惯，和设计师共同打造出自己喜欢的"Dream House"，完全为自己量身定做的梦想中的家，可以自由选择自己喜欢的风水宝地，设计出自己喜欢的外形、户型、装修用材料、设施配套和花园等。

有些业主如果是因为喜欢一个街区地段或者周围的环境（比如山景、湖景、海景、高尔夫球场等），如果土地上没有建筑，或者对土地上现有建筑不满意（比如有些比较成熟的地段现有房屋大都比较破旧，不符合现代和个人审美）的原因，一般也需要自己建。

此外，因为只有地没有建筑，买地的成本一般比直接向开发商买房或者买二手房要低。而买了地可以自己决定是否需要建房，或者什么时候建房，有时候买了地什么也不做，坐等地价升值也是一种投资思路，或者如果是为了退休以后自住，等到土地周边开发起来配套完善的时候再建房入住也不迟。

在一些房价较贵的地区，买地自建比直接购买新房可能成本会更低，而且可以控制一定的成本，如果自己动手能力很强，也可以参与一部分房屋的建造施工。一般一个普通中等、中等偏上级别的房子，找人自建成本在每平方米 1000 ～ 2000 元人民币，而在一些地段好的同等级新房，每平方米房价可能高达 5 万～ 6 万元人民币。所以除去买地或者推倒现有房屋的钱，在高房价地区自建房屋，或许可以省去几十到上百、上千万元人民币。

对于高端用户，自己造房子可以把控自己房子的建材和品质，更加令人放心。而自建房和同等品质的开发商新建房相比，在房产税评估时也会有一些优势，可以每年少缴纳一部分的房产税。

当然，买地自建也不是那么容易：首先是要找到合适的，被批准可以作为居住用地的地皮，在比较发达的都市圈，一般也只有市郊乡村可能会有多余的土地了，但是地区周围也需要有一定的交通，土地本身的条件和土壤也需要适合建造房屋，最好已经有排水管道、电力、暖气等基础设施的供给配套。而在比较成熟的社区，如果没有纯土地可以购买，就需要找有一定占地，但房屋本身老、破、小的廉价房推倒重建（有不少新房开发商现在也这么做）。

买地建房的贷款和普通购房的贷款有所不同，没有正常的住房贷款那么普遍。首先买地一般需要现金，而不能正常从银行获得贷款，当然，有时候土地的卖家也愿意接受分期付款的方式，降低买家的压力。自建房的施工不能走传统的住房贷款流程，但建房过程中很多时候也需要大量现金开销，怎么办呢？

一般可以申请一年期短期，利率较高的建筑贷款（construction loan）用于过渡，等房屋盖完以后，再把建筑贷款替换为长期利率较低的房屋抵押贷款。此外有些包工头、建筑公司或许会自己提供一些分期支付的选项，缓解业主的现金压力。

自建房还需要和当地政府的住建部门沟通，要向当地的住建部门递交建筑设计的图纸，有时候可以和设计师一起设计出个性化定制的，也可以在网上找到现成的，或者由包工头提供的，在当地部门审批以后获得许可，颁发许可证（permit）后才可以开工。而等完工以后，还要请住建部门来验收，通过以后才能获得入住许可证、登记备案，这也需要大概几个月的时间和精力。

此外，买地自建需要组建一个团队，也是比较费时、费精力的事情，包括设计师和各类施工人员，或许还要请监理，如果找到一个靠谱的包工头，或许会省下不少的麻烦。

一般来说，建造一栋房子的过程是：清理、准备土地→打地基→排水→墙体结构→屋顶→外墙壁敷设→住宅内部框架→门窗→卫生厨房排水布线→烟囱暖气管道施工→保温隔热→封顶和内部墙面→内装。

欧美自建房从买地—入住流程：

```
选地  →  找施工团队/自己建房  →  完工
 ↓           ↑                    ↓
买地/过户    修改/获得批准      住建部门审核，获得入住许可
 ↓           ↑                    ↓
设计图纸  →  图纸向住建部门报批    办理房产证入住
```

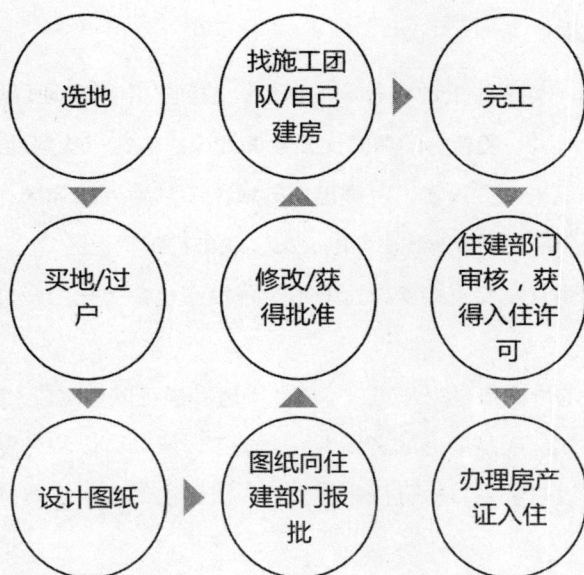

　　一个简单的房子，可能从土地到房屋建成只需要半年左右的时间，越高级、越复杂、越大的房子所需要的时间更多。个性化的豪宅算上设计和获得建造许可到施工完工或许需要长达几年的时间。

　　有时候，时间和成本也未必如一开始预期的那样，在气候极端比如酷热暴雨或者寒冷下雪的天气里会停工。所以需要根据当地的气候状况选择和合适的开工时期以免误工。而对于搬家置业时间比较紧迫的潜在业主而言，现成的可以直接入住的二手房，或者开发商统一开发的新房，可能更加合适。

　　总体来说，自己建房比起直接买房需要更多的时间和精力，所以真正自己买地从 0 到 1 自己设计或找人设计，获得许可，施工的自建房不算太多。但或许建完自己独一无二汇集了心血的房子并且顺利入住的时候，会让这些努力变得更加值得。

5.2.2　新房

在美、澳、英这些土地私有制的国家，成熟的市区和地段里空地不多，也不好拆迁，所以一般新房的房源比二手房要少。但在一些房地产市场繁荣、房价快速上升、人口流入多、发展迅速的城市和其附近的郊区，开发商觉得有利可图，就会开发或者改建出新的公寓、联排和别墅社区。

新房大都由开发商直接卖出，但不少开发商也会委托中介公司代理宣传和销售。

一般新房的价格都是定好的，不像二手房那样可以有比较大的讲价空间，但是因为很多新房还是期房或者没有完全竣工，所以可以和开发商沟通，看看他们是否可以对装修材料进行一些升级，或者让他们帮忙支付一部分买家的过户费用。

新房的优势在于：

（1）历史清白。

（2）都是新的材料，不需要修补翻新，维修保养成本低。

（3）很多开发商对于新房还会提供保修（warranty），在保修期内房子出了一些问题开发商可以负责维修，比较让人省心。

（4）几乎只需要软装和家具就可以拎包入住，一般海外的新房不像国内那样大量是毛坯房，而是交房的时候会精装修好，包括涂料、地板、厨房、卫生间、洁具等，不少还配备大型厨房电器，比如煤气灶、烤箱、冰箱这些。一般只要买家具、家饰之类的软装就可以了。

（5）如果是还没有完全完工的新房，开发商可以根据你的偏好进行一定的个性化装修配置，包括厨房的颜色、用材、卫生间装修和内装。

（6）房型和设计更合理，配套更加现代，符合现在人的居住习惯。

（7）建造的环保要求一般更高，会采用高科技的设施和节能环保、省电的材料，可以节省不少的电暖开销。采用的材料一般会经过安全检测，绿色的建材也更安全，更有利于健康。

（8）小区一般更有规划，开发商统一建造的社区会有一定的绿化、景观，高级的小区会有更加现代豪华的配套设施。

（9）会提供房型图。

（10）与自己买地建房相比，省去了大量的时间和精力。

（11）在澳大利亚，外籍人士一般只能购买新房。

而开发商建造的新房可能存在的一些不足在于：

（1）新房的房源一般比较少。新房的房源比起二手房少很多，而且新房的房源中又以公寓、联排为主，独立屋的新房选择更少。

（2）新房一般需要预先在开发商处排队登记，有名额了才可以来选房。有时候可能好的位置已经被挑完了。

（3）新房很多时候是期房，不能眼见为实。虽然会有样板房可以看，但样板房和真实的房子很可能到时候会有出入。

（4）如果是期房，那么有可能存在无法按时完工的情况，如果急着入住，存在着一定的风险和不确定性。

（5）因为发展先后的关系，新房的位置一般相对而言不如二手房，很多都是在郊区，新开发配套不够成熟的地区，发展起来需要时间。

（6）同一地段，新房一般比起二手房要贵一些，除了房屋折旧以外，新房子建设的人工和材料成本也比原来要高。

（7）因为地价越来越贵，所以新建的独立屋一般地皮、花园比起二手房更小，排列更加紧密，尤其是在一些比较热门的城市。

（8）开发商统一建造的外形设计比较单一，风格会比较少，不太容易体现个性化。

（9）现在很多新建的独立屋社区也要交社区管理费，会受社区业委会的管制。

新房的房源可以在一些大型的房产综合网站或者中介上找到，很多当地的商业报纸和综合性网站也会有刊登广告。如果有认准的建筑开发商，也可以去开发商的官网上查看。

购买新房特别是期房，开发商是否靠谱是非常重要的。建议在购买一个小区的新房时先了解一下开发商的资质、经历、已经开发的小区楼盘，以及一些过去客户的评价。

以美国为例，一般来说，全国范围里比较厉害的开发商有 Toll Brothers（托尔兄弟），中高级的有 Pulte（普特）、KB Homes（KB）、Lennar（莱纳）等。还有一些地区性的开发商。

加拿大比较有名的开发商有 Tridel、Daniels、Bosa 等，相对比较地区化。

澳大利亚比较有名的开发商有 BGC、Meticon、Merion 等。

英国比较大型的住宅开发商有 Barratt Homes（邦瑞）、Berkeley Homes（伯克利住房）、Galliard Homes 等。

这几年不少国内的开发商在海外的大城市也有合作开发的项目，也可以关注。

5.2.3 期房、楼花

近几年，在大城市的公寓新房市场，期房和与期房相关的楼花也变得越来越常见了。

期房，顾名思义就是还没有盖好、预售的房子。而楼花，就相当于你支付了一笔订金，一般是房价的 5% ～ 20%，获得了购买房子的优先权。

楼花的优点是用比较少的资金锁住房价，然后在交房时按照约定的价格付钱。这样只要付一部分钱就可以锁定价格，避免了房价上涨自己需要多出钱的损失，而其余的尾款可以在房子建造的期间准备。

一般期房的价格比现房要低，所以还有一定的价格优势。而且如果是先到先得，那么在此期间选到的房子位置、朝向、房型可能也会更好一些。

对于投资者而言，楼花类似于股票中的"期权"，相当于利用杠杆增加自己的收益。在一个房价上升的市场中，可以用比较小的资金，撬动更大的投资，获得更大的收益，如果你对几年后的房价看涨可以考虑。

比如一套房期房定价 100 万美元，你用 10% 也就是 10 万美元买下了楼花，那么等到 1 年后这套房如果值 120 万美元（房子涨了 20 万美元），你就相当于靠 10 万美元获得了 20 万美元的收益，投资回报翻倍了。

当然，期房也有一些需要注意的地方。

期房除了不能立即入住之外，也要注意开发商是否靠谱，是否可以按期交付，并且保证质量交付。

如果想要在期房期间转让楼花，法律上称为合同转让，需要获得开发商的许可。不同的开发商可能会有不同的规定。有些可能不同意你转让，或者对转让有限制、要收费。所以应当了解相关的要求，选择转让方便，不收手续费的楼盘。

如果你购买了楼花，等房子建成后如果不想要，或者拿不出钱支付的话，那么楼花、订金的钱就会被开发商收走了。特别是如果在房地产下行，房价普遍下跌的时候，到时候如果你以原价买入就会亏，不买就会损失订金。所以存在着一定的风险。

或者，如果需要贷款，期房只能在房子快要建好，或者建好以后才能批贷，这期间会有至少 2 年的时间，可能会有利率上的不确定性。

在美国、加拿大、澳大利亚和英国都有类似的期房和楼花。

5.2.4　二手房

虽然大部分中国人喜欢买新房，不过一般来说，美国、加拿大和英国这些比较成熟的市场里主流还是二手房，尤其是独立屋的房源里，二手房的房源比新房要多许多。

二手房的一些优点：

（1）房源较多，选择面较广。从地段到设计风格、户型、面积、新旧、价格，一般总会有一款二手房适合你。

（2）一般二手房所在的社区比较成熟，周边社区发展完善，餐饮、娱乐、购物、学校设施齐备。交通也比较便利。

（3）有时候街区周围绿化更多，环境较好。

（4）二手房的独立屋，不少占地面积都会比新建的独立屋占地面积（lot size）大，可以有更好的庭院景观。

（5）二手房的议价空间比较大，更容易和卖家讨价还价。

（6）很多二手房独立屋都没有业主委员会，也就没有业主委员会的限制，所以改造重建的自由度更大。

当然，二手房也相应地存在一些缺点：

（1）二手房是有人住过的房子，可能会有以前住户留下的痕迹。

（2）二手房一般而言需要维修翻新，维护成本一般会比较高，从结构上来说，电路管道老化需要更新，还有一些二手房可能有虫患需要清除。

（3）二手房的装修也可能不是你喜欢的风格材料，从卧室、客厅到厨房、卫生间的装修需要翻新，都是一笔不小的开支。

（4）二手房的社区有时候也不如新建小区那样整齐划一，邻居和房屋也可能参差不齐。

（5）二手房有时候房型和设计上可能会有些过时，比如房间比较小、卫生间较小、屋顶较低、储物空间不足等缺陷。

（6）二手房有时候在材料上可能用了一些现在已经被禁止使用作为建材的材料，比如含铅油漆、石棉等，这些会对人体健康有一定的毒害。需要检查并且做更换处理。

当然，并不是每个二手房都会有这样、那样的问题，现在越来越多的二手房卖家在卖之前都会把房子修整翻新一遍。而买家也可以通过阅读卖家披露，以及聘请独立的验房师发现问题。

二手房之"私下交易房"（For Sale By Owner）：

有的时候一些卖家为了节约省中介费，会选择不找卖家中介，自己直接私下卖（for sale by owner）。这没什么奇怪的，如果看中了可以直接和卖家交易讲价，请房检师检查并找律师或者产权公司把关过户。

一般来说 For Sale by Owner 的房子可能竞争会少一些，很多网上并不会挂出这类信息，不少买家中介也不太会主动推荐买家买这样的房子（因为房产中介觉得这样影响了他们的生意和利益）。但因为看到的买家减少，竞争就少，而且卖家省去了中介费以后在房屋的价格上也可能会便宜一些。

一些不依赖于中介的大学第三方房源网站一般会有这样的"私下交易房"，或者如果你在当地，可以去附近街区转转，卖家一般会有"出售"的小牌子插在外面。

5.2.5　法拍屋

这里简单介绍一下拍卖房、法拍房（foreclosure / auction）。这样拍卖房一般是因为前任屋主支付不起贷款，或者不愿、不能支付贷款等原因，房子被银行收走，从而进行拍卖。在前几年经济危机的时候，这样的情况非常常见。之前提到过的底特律"1 元房"，有很多就是这种拍卖房。

拍卖房最大的优势，当然是价格便宜，一般可以比房子周围同类正常的房子低 30% 甚至更多。但拍卖房的购买流程和传统的新房、二手房很不一样，也有不少风险，我们下面来看看。

一般拍卖房在当地的法院举行，拍卖房的资料网上和当地的法院很多都会提前放出相关的公开记录和披露文件可以查看。有些需要提前注册预约，有些则不需要。

拍卖房只能接受现金，大都不能贷款。所以，在拍卖会当天，需要带好现金、现金支票、个人支票以及身份证明。

然后就是竞价拍卖，如果拍到了房子，一般当场需要支付一笔订金（一般为 5%-10% 的房款），填写购买单（purchaser's slip）以及联系方式，并且签署交易备忘录。

拍下房子以后要在一个月之内补齐剩下的房款，并支付一小笔买家费用，完成交易过户。逾期不交房款的话，订金将被没收。

法拍的房子都是 As-Is（现状）出售，房主（银行或者政府）不会对房屋进行额外的修缮，所以你所见到的就是你所得到的，不能要求卖家进行改善。有时候一些前任屋主因为房子被收走了，十分恼怒，会在房子里做一些破坏，比如让房子水管漏水、破坏厨卫等。有些银行会把这样的房子简单翻新一下达到可以居住的屋况，有些则不会。如果房屋状况不好，那么需要你买下以后自行修整。还有些时候，法拍屋买下的时候，屋里可能会有前任屋主或者流浪汉赖着不走（一般也会公开披露的），那么这时候你（买家）还要请驱逐公司启动驱逐程序让房子里赖着的人搬出。

所以，如果要购买拍卖房，应该提前阅读房屋的公开资料，并且建议应该提前去有意向的房子周边转转，看看当地周围的环境和房子的外部情况。如果允许看房，最好亲自实地考察，或者派人并且和专业的验房师去了解检查房屋的状况。

法拍屋最好聘请律师来阅读并且解释产权相关的资料报告，且对房屋的产权、欠费或者欠税情况做一个背景调查。买卖当天也可以请律师陪同。

因为拍卖房比较便宜，有不少职业投资者会买下拍卖房翻新改建成正常的房子以后，以正常的二手房程序脱手出售或者出租。也有一些动手能力比较强的买家可以买下以后翻新入住。

总体来说，拍卖房或许更适合比较有经验的买家。但新手买家如果具有一定的法律知识和装修知识，或者可以找到熟悉法拍屋流程的相关团队（经

纪人 / 律师）的话，并且了解相关的程序，愿意承担相关的风险，那么尝试一下也未尝不可。

一些提供新房 / 二手房 / 法拍房的房源网站：

美国：

www.zillow.com

www.redfin.com

加拿大：

www.zoocasa.com

www.realtor.ca

澳大利亚：

https://www.realestate.com.au

https://www.domain.com.au/

英国：

www.rightmove.co.uk

www.zoopla.co.uk

这些都是第三方的大型综合房源网站，当然，本地的中介也有自己的网站和房源可以查询。

5.3　海外不同的房屋设计以及常用建材

和国内整齐划一钢筋水泥的小区相比，海外的房屋式样丰富，建筑的材料也比较多样化。最常见的有下面几种建材和建筑风格。

5.3.1 海外房屋最常使用的建材

❶ 木材

优点：在美国和加拿大，木材是一种随处可得的材料，因此成本较低。而用木头造房子也相对方便，木头比较轻，不需要太多重型专业机械来建造房屋。而木材也有一定的保温性能，让木头房子冬暖夏凉。此外木头房子也比较抗震，所以坐落在地震带的地区用木材建造的房子也比较多。

缺点：木头容易遭到白蚁等虫类的破坏，也比较容易受潮腐烂，容易着火，不抗风。如果用木材做外墙的话，每几年需要重新涂刷防水涂料进行保养。木头房子隔音性能也相对较差，有些购买了老式木结构公寓房的房主会经常听到马路上的嘈杂声或者邻居的声响。

❷ 砖材

优点：澳大利亚混砖 / 砖木的砖房比较多。美国东部、中部也有不少砖材的房子。砖也是一种比较耐用的材料，用砖建造房屋也相当方便，施工技术简单，可以把砖砌成各种造型。

缺点：砖和石头一样，原材料都比木头要贵。

❸ 水泥、混凝土

优点：现代、耐久、抗风、抗虫。在台风多容易发生洪水的地区水泥房子一般较多。欧洲很多房子都是混凝土建的。很多现代化的新型高级住宅也会采用水泥。

缺点：在一些地区造价较为昂贵，所以中档以下独立屋里用水泥为主要建材的房子不太多。也因为比较重，如果在地震中倒塌了可能会带来更大的损伤，所以地震带地区水泥的住宅不多见。而水泥房屋成型以后，要改建也相对困难，比如如果要扩大窗户、移动墙等，都会有难度。

❹ 石材

优点：石材坚固耐用，防火、防水性能俱佳，外观上也比较美观。欧洲一些老建筑有不少用的是石材。

缺点：石材来造房子需要大型机械，因此造起来更麻烦，造价更高，比较厚重。

5.3.2　最常见的建筑风格类型

❶ 牧场风格（Ranch）

牧场、农场风格是美国最多、最流行的一种建筑风格，也是美国的原创。农场风格的房子一般只有一层，比较开放式的设计，像大饼一样摊开。一般来说、农场风格的建筑都是相对廉价的破旧房屋（单价低也是它流行的重要原因），但也有现代的风格和高级用材的豪华新建屋。因为只有一层，没有楼梯上上下下的麻烦，所以牧场风格的小平房比较受老年人欢迎。但牧场风格的房子占地比较大，所以在地价高地皮紧张的地方比较少见，一般出现在郊区或者农村。

❷ 地中海风格（Mediterranian）

起源于欧洲的地中海一带，在法国南部、意大利、西班牙比较常见，在美国的加利福尼亚州和佛罗里达地区也十分流行。地中海风格的房屋外形比较浪漫，有红瓦片的屋顶，外墙由白、黄、粉红色的土坯装饰，还有拱门，木雕门和彩色地板砖等特征。前廊是黑色铁艺小阳台和小庭院的设计把室内室外连为一体。

❸ 殖民式风格（Colonial）

殖民风格建筑在美国东部和南部等具有一定殖民和移民传统的城市比较常见。

主要特征是外观齐整对称，看上去比较传统正式，一般以两层为主。窗子装饰有窗挡板，屋顶常常会有老虎窗。后期的殖民式建筑（也叫联邦式）更加豪华大气，不少房子入口处还会有罗马柱，而热带地区的殖民式房屋会有大阳台。

❹ 乡村小屋风格（Cottage）

乡村小屋就像它的名字一样，多见于英、美、澳的乡村。乡村小屋一般是 1 层半，由 1 层主要活动区 +1 个带尖顶的阁楼构成，也有两层的。乡村小屋一般都不大，100 平方米左右，所以一般都是比较入门级的房子。乡村小屋有前廊可以种植花草，也可以荡秋千或坐在摇椅上看书，给人一种童话里小屋的感觉，很多林中、湖边的度假屋也是这种风格。

⑤ 维多利亚式风格（Victorian）

维多利亚式风格来自英国，这样的房子在英国以及其影响比较大的地区，加拿大和澳大利亚非常常见，美国也有一些。维多利亚式的房子注重细节，一般都有比较精致的窗框和门框装饰，尖尖的屋顶，2～3层高，阳台上配上花盆和摇椅，显得很可爱。一般来说维多利亚式的房子房龄都比较老，但也因为外观比较有特点，很多客栈民宿都是维多利亚风格的房子。

⑥ 欧式风格（European）

欧式风格一般2～3层居多。从中档到高档房屋都有，其中又可以细分为法式、英式、美式等。大型中高级小区里的房屋大都是传统的欧式风格。而不少庄园式的豪宅也都是法式或者英式（都铎式），外立面会采用大理石等石材，屋顶也会用不同的材料，造型也更为复杂，欧式的房子看上去优雅、坚固、持久。这样的风格在欧洲，美国东部和中部，还有加拿大东部最为常见。

⑦ 现代风格（Modern）

现代风格出现在世界各地的高端房屋市场。现代风格的房屋一般采用大面积的玻璃窗、落地窗，极具几何感的外观，极简的设计，并大量采用钢材和水泥作为建材和装饰，不少也有机结合了自然、人造景观。

现代风格的别墅一般都比较个性化，很多都是业主买了地以后和建筑设计师一起合作沟通建出自己喜欢的房子。大型成片开发的独立屋小区里很少有现代风格的建筑。当然，新建的高级公寓楼很多都是现代风格的建筑，非常受高端买家欢迎。很多新型的高级集成住宅也是现代风格。

　　一般来说，建筑风格也和所在地区的环境气候有关。总体而言，在下雪多、雨水多的地方，尖顶／斜坡屋顶比较常见，可以有效减少积雪和积水。而气候温和、风景好的地方，落地窗和户外露台更多，可以让美景尽收眼底，和自然更亲近。

5.4 选房，不可忽视的几大因素

了解了自己的预算，喜欢的房屋类型以后，我们接下来就可以开始选房了，选房的时候一定要考虑下面几个因素。

5.4.1　地段、地段，还是地段

地段大概是房地产界最老生常谈的两个字了，但没有办法，"地段"确实是房地产的核心，而且先有地再有房。而很多房子的价值和价格，很大一部分是其所有土地的价值和价格。

地段包含了很多，比如一个地方的交通便捷和生活配套等。可以先想好一个大都市里比较喜欢的一些大区域，而且可以利用大数据和可视化首先在地图上查看一个地区的情况。

❶ 交通

如果你是上班族或者学生的话，那么交通是首要要考虑的因素，没有人希望过工作、学习忙碌了一天以后还要开车或坐 1 个多小时车才能到家，到家只能倒头大睡，第二天一大早又要早起外出的生活。每天路上的通勤时间，直接影响到一个人的生活品质和幸福感。

所以，选房的时候，要先考虑一个"大区域"，比如是某个城市群里的某个城市，某个邮编等。一定要首先考虑在公司或者学校附近的地方，如果家里有几个人上班或上学的情况，那么尽量选择中间的区域。

可以用谷歌地图等输入自己的工作、学习地点和潜在房源的地址，计算出步行、自行车、公交、开车所需要的时间。还可以从谷歌地图上查看附近是否有公交、地铁、公司或学校班车站或者火车，这也会加大你的交通便利度。

要注意的是，如果是计算开车时间，可以把谷歌地图的出发时间改成上下班高峰期或者平时上下班、上下学的时间，这样计算出来的通勤时间会更接近于你将来上下班的真实时间。有些地方例如洛杉矶是出了名的堵车，在不堵车的时候开车 20 分钟，堵车的时候就会变成 1 小时，相差很大。

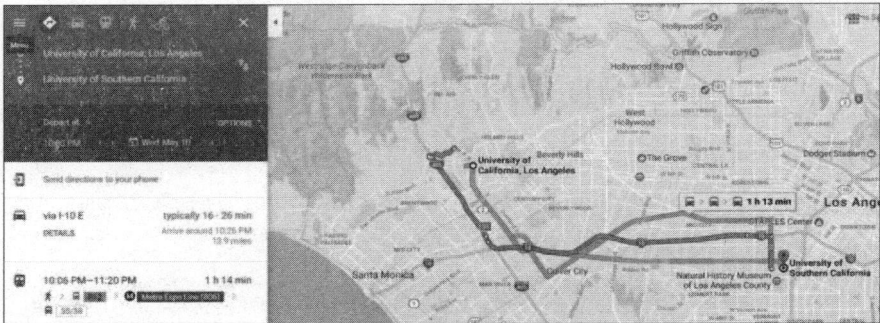

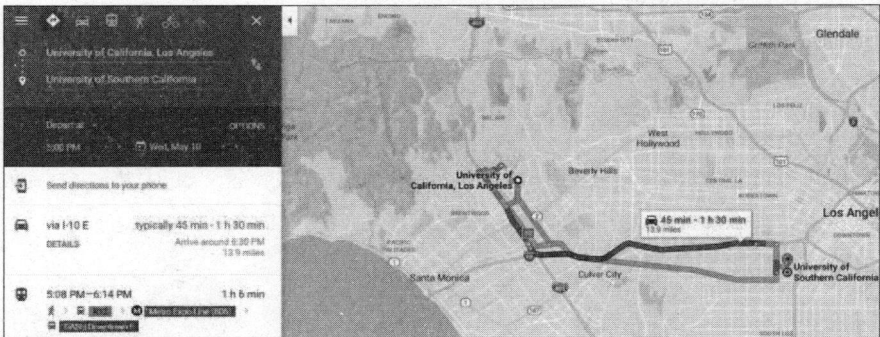

洛杉矶平时与高峰时期通行对比

一般交通好、地段好的地方，房价也更加容易涨、更加抗跌、更加好租。

当然，地段对于每个人来说其在心中的权重不一样，和自己的生活方式有关，也和前面提到的买房的目标有关。

　　曾经有一位留学生朋友问我在价格一样的情况下是买市郊的独立屋还是市区的公寓。个人觉得对于她这样的留学生而言，市区公寓可能更合适。很多留学生留学的时候都不怎么开车，而国外的公共交通，特别是大城市市郊或者二三线城市的公共交通被国内完爆，因为很多国外城市总体而言地广人稀，私家车普及率又很高，很多地方的公共交通非常落后。对于留学生而言生活便利、交通好非常重要，这样上课、平时外出、吃饭什么的都会非常方便并且节省时间，可能也不需要买车了，和其他朋友社交也更加方便。对于不和自己子女居住的老年人其实也是一样。

　　对于希望把房子出租的房东而言，交通的重要性更是不言而喻。直接影响到房屋是否好租以及租金水平。靠近公司和学校的小公寓、小房子，可能比同样价格的郊区大房子的租金要高出不少，也不愁找不到租客。

　　相反，如果用于家庭自住，可能不喜欢市区里太过嘈杂的环境和拥挤的生活空间，而是更希望给孩子和家人有比较大的活动空间，亲近自然，那么可以远一些，选择住在市郊社区里的大房子。

❷ 生活配套

　　想好了大的区域以后，就要考虑大区域里面的社区、街区了。

　　如果说交通是可以让你更方便地去其他地方，那么生活配套就是社区附近可以提供的设施和资源。虽然说海外也有外卖和网购，但除了市区的地方，很多郊区的外卖还是不太发达。

　　即使在汽车文化成熟的海外城市，现在越来越多的人讲究步行便利性，越来越多的人希望可以散步到公园、学校、饭店、咖啡馆之类的地方。如果一个房子附近步行或者开车 5 分钟可以到超市、咖啡馆、饭店、购物中心、电影院、图书馆、医院等地方，生活就会方便很多。

　　此外，有些华人喜欢吃中餐、亚洲菜，去中国超市买吃的，那么也可以在地图上看一下这个城市区域里它们的分布情况。一般中餐馆和中国超市都会相对在集中的区域里出现，说明这边周围就有比较大的亚洲人社区。如果家里有老人，或者刚来国外需要适应过渡，这样的地方会比较舒适。

可以把房屋的地址输入地图 APP，并搜索附近的饭店超市，看看离最近的生活配套近不近。不少提供房源挂牌信息的网站也会在一套房子下列出周边的生活设施。

5.4.2　社区状况

孟母三迁，择邻而居，足见一幢房子附近的社区和邻居是多么的重要。

在一些城市的市中心，有一些交通非常便利，周边配套也比较成熟的社区，房价却比周围要低不少，这是为什么呢？社区的治安环境，人口组成都是不可忽视的。

有时候，甚至隔一条街，就是两个不同的城市，治安和房价可以天壤之别。

比如旧金山湾区的 Palo Alto 和 East Palo Alto，前者是富人区，后者是贫民窟，以一条 101 公路为界。

Palo Alto（帕罗奥图），硅谷的中心，也被当地人戏称为"宇宙中心"，世界最知名的高等学府斯坦福大学就在这片区域里。

Palo Alto 家庭收入平均 13.6 万美元（差不多 100 万元人民币）。2017年更是爆出了家庭收入低于 25 万美元就可以申请廉价房的新闻。80% 的成年人拥有大学以上学历。以白人、亚洲人为主。

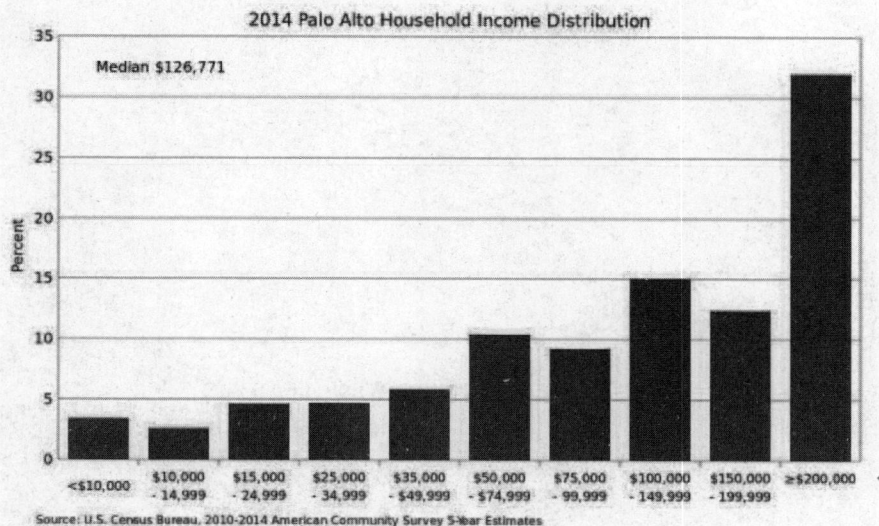

2014 Palo Alto Household Income Distribution

Median $126,771

Source: U.S. Census Bureau, 2010-2014 American Community Survey 5-Year Estimates

Palo Alto 房价平均 250 万美元，差不多 1700 万元人民币，每平方米单价也要超过 10 万元人民币。

各种高级餐厅、奢侈品大牌店也应有尽有。

（Palo Alto 的苹果店，Jun Seita, Creative Commons）

　　而马路对面的 East Palo Alto，虽然多了一个词却有着天壤之别。这两年虽然发展了很多，但还是一般或者说比较差。

　　其社区收入平均也只有 5 万多美元（30 多万元人民币），不到 Palo Alto 的一半。仅有 16% 左右的成年人有大学学历，人员组成也比较复杂。

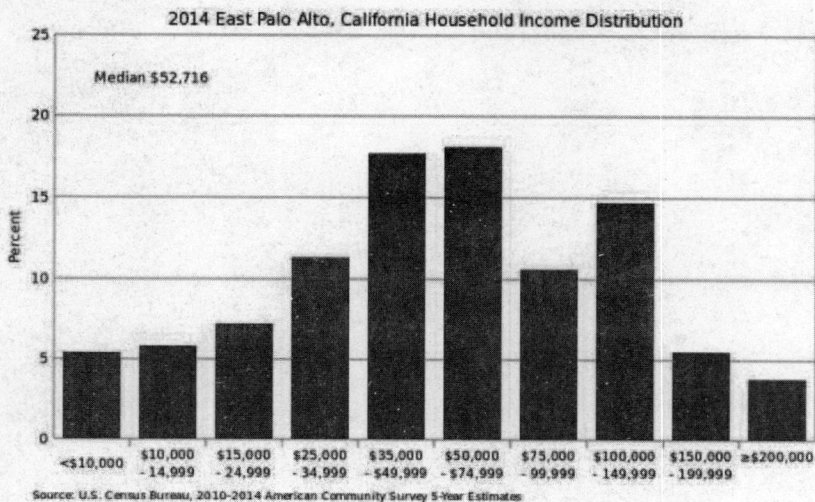

2014 East Palo Alto, California Household Income Distribution

Median $52,716

Source: U.S. Census Bureau, 2010-2014 American Community Survey 5-Year Estimates

race / ethnicity
in the year 2000

■ white
■ black
■ asian
■ hispanic
■ other

each dot represents
twenty people.

block-level data from the
U.S. census. here, hispanic is
exclusive of other categories.

map by bill rankin, 2010.

East Palo Alto

Palo Alto

Stanford

虽然房价这两年被炒起来了，平均达到了 70 万美元左右（500 万元人民币），不过不到马路对面的 1/3，每平方米 40000 多元人民币。

一路之隔，两个世界。

此外，纽约曼哈顿哥伦比亚大学附近的哈莱姆区（Harlem），多伦多约克大学附近的北约克 Jane & Finch 区，伦敦的 Brixton 都是类似的情况，地理位置不错但治安较差，是人口组成比较复杂的区域。

要看一个地区的社区状况，可以查看房屋附近居民的收入水平。一般来说，收入平均数越高，居民素质就会更好，地区就相对安全，治安也会更好。也可以查询一下房子附近街区的犯罪记录，以安全为重。

看房的时候，也可以在房屋周围的社区转转，看看周边的邻居是怎样的人，社区周围绿化是打理整齐，还是杂草丛生。还可以留意一下周围的墙上有没有乱涂乱画的涂鸦和口号痕迹，电线杆上有没有吊着的鞋子（这些说明附近可能会有帮会或者犯罪活动），街头有没有流浪者等。也可以利用地图上的街景功能，在电脑、手机上"逛街"。

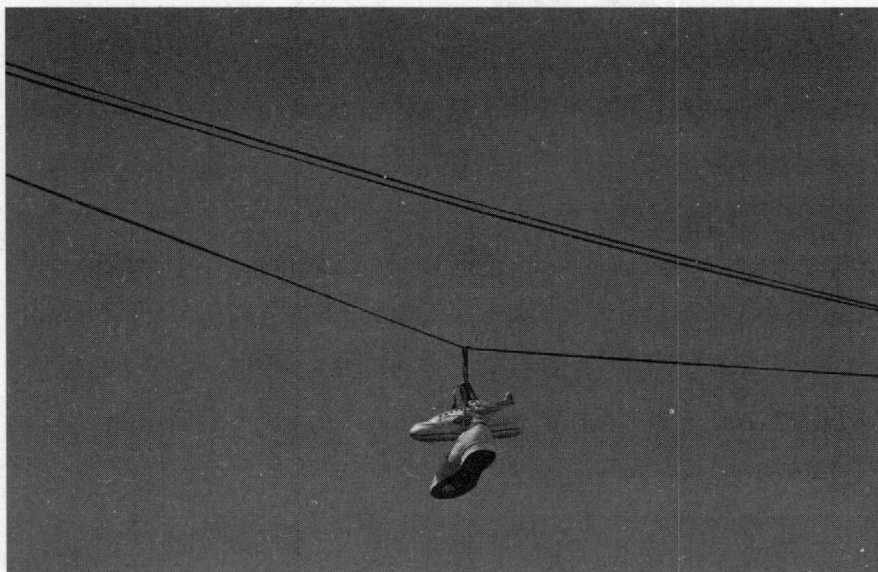

（图：Alex Proimos，有时候电线上挂着鞋子，说明附近可能有帮会活动）

工具箱：

Google Maps / Bing Maps 等地图类软件查看街景，周边生活配套和交通。

www.justicemap.org（美国，人口组成和收入）

www.trulia.com（美国，综合类网站。在输入地址以后可以看地区大概的治安情况、租金水平和生活设施。因为用颜色标识，所以比较一目了然地看出大致的治安好的区域和坏的区域。比如纽约）

https://censusmapper.ca（加拿大的社区街道情况）

https://www.microburbs.com.au/（澳大利亚的社区街道情况）

https://explore-uk.illustreets.com（英国社区地图）

5.4.3　学区房到底值得吗

对于注重教育的华人而言，学区房是很多华人买家甚至亚洲买家非常看重的因素，也导致了在亚洲人比较多的城市里，很多学区房的价格比非学区房的价格要高不少，可以有 20%～30% 甚至更高的溢价。

在国外如果不上私立学校或者教会学校的话，公立学校大都也是住宅划片入学的。所以一般"学区房"，指的是好的公立学校对口的房屋区域。

在美国一个房子的学区在 Redfin 或者 Zillow 上都会看到。需要注意的是，Zillow 列的学校有时候是最近的，但未必是房子的学区。Redfin 会显示出学校的真实学区。一般来说小学、中学、大学都是 10 分制，越高越好。亚洲人家庭一般喜欢至少 8 分以上的学区，对于一般的美国家庭而言可能 6～7 分以上就可以接受了。

在加拿大，可以用 Fraser Institute 的 CompareSchoolRankings.org 对房屋附近的学校进行查询，可以看到学校的排名与打分。Zoocasa 也会列出一些房源周围的学校评分。

在澳大利亚，可以用教育部门的官方网站 www.myschool.edu.au 对学校的教育情况进行查询。

在英国的主流房源网站 Rightmove 上输入房子所在的地址，也会出现"School Checker"，里面有第三方，英国政府的 Ofsted Report 对附近学校的评级，比如"outstanding"（优秀），"good"（良好）等。

是不是一定要花更多的钱买学区房呢？其实并不一定。

真正富人区的地方，大家都可以送孩子上私立，有一些顶级富人区对口的公立学校其实并不好，不是学区房，因为孩子们可以上私立的寄宿制学校。如果孩子不多，也可以把学区房省下的钱去上私立。一般来说私立学校的师生比更高（小班教学），资源也比公立学校更丰富。

如果一个社区以单身、无孩、退休人士为主，那么学区房并不是很重要。

或者，如果你买来出租，主要对象也是单身人士或者大学生，学区房也不那么重要，而且学区房的房产税一般也更高。度假房也不在乎学区。

但在一些家庭自住的社区，特别是如果亚洲人比例高的地区，学区房还是更加保值、升值的。也有相关研究证实过这一点。

学区房比较受欢迎的地方，一般是中产或者中上产阶级中青年家庭为主有小孩的郊区，或者亚洲人比较多，涌入比较快的社区，在这样的地方自住或者投资学区房相对而言是不错的选择。一般来说学区房的溢价几万元到几十万元不等，对于有几个小孩的学区房的自住买家而言，可以省下上私立的价格，转手的时候也可以同样以溢价卖出等于"免费"上了好学校，买家也会比非学区房更多。

而注重教育的亚洲人选择了学区房，他们小孩的成绩也会进一步巩固或者提升学区房的分数。有点鸡生蛋，蛋生鸡的关系。当然，有时候这样的学校里可能学习压力也会比较大，并不适合所有的孩子和家长。

5.4.4 容易被忽略的环境因素

一些环境因素，可能没有交通便利配套设施那么明显，有时候甚至会被忽略，但是会实实在在影响你的居住体验和将来房子的升值潜力。

❶ 噪声

如果住房靠着马路、公路，有公交站甚至火车经过的话，那么噪声问题就会比较严重。特别是海外很多房子的隔音都不太好，会影响到生活以及睡眠质量。靠着马路和铁轨不仅仅会带来噪声，也可能带来一些空气污染，隐私也会被影响。周围如果有机场也是如此。有时候，学校旁边的房子也可能会受到噪声影响。

一般可以在地图上查看房屋周围的道路情况，是否有公共交通经过，是否有铁轨、机场、大型停车场等带来噪声的设施。当然也可以在实地考察的时候留意一下。

如果买到了噪声污染比较严重的房子，尽量做好房屋和门窗的密封，增强隔音效果。

❷ 洪水、地震带

有不少房子周围可能在洪水、地震带，平时这些地方看似一切平静，但当风雨来临的时候就有危险，人身财产也可能受到伤害。

当然，这样的房子并不是不能买，实际上在美国房价最高的旧金山湾区一带大量的破旧房屋或者豪宅都建在这样的地带。但应当有一个心理准备，平时也能做好应急措施。

一般来说，房屋的卖家披露里都会提到该房屋是否在洪水、地震带上，有些地区如果在这样的位置，会要求你购买额外的地震和洪水保险，增加一笔开销。

❸ 污染

除了前面提到的噪声是一种污染以外，其他的污染包括空气污染、水污染、土地污染和光污染等。

一般海外对于用地的规划都是成片的，有一些区域会被规划为工业用地，一般这些地方附近的房子房价就会比较低。但相应的，附近就会看到冒着烟的大烟囱，会有一座座电力塔，有污水和垃圾处理厂在起风的天气飘来阵阵恶臭等。而有一些化工厂或者电池厂之类的地方，其脚下以及附近的土壤有可能受到重金属和有害物质的污染，长久可能会影响健康。

这些污染有些看不到，但可以闻到，有些看不到也闻不到，但会影响你的身体健康。所以在看房的时候也要留意周围是否有污染源。

选房的时候可以现在网上用谷歌地图等地图软件看一下，搜一下房屋周围有没有工厂 "factory" "plant"，垃圾堆 "dump" 之类的关键词。还可以用街景功能在网上看一下房子周边有没有工业用地。一般卖家披露里也会有报告列出标明附近存在的污染源。

在大城市市中心的地方可能要留意光污染，不少现代写字楼的外墙都是玻璃幕墙，太阳一照容易反射出刺眼的光芒。如果白天经常在家，周围又有这样的光污染的话，就只能整天拉上窗帘了。

此外一般附近有很多高压线基站的房子对于很多人来说也不能接受，看房的时候也应留意。

❹ 采光与隐私

有时候周围光反射太强是一种污染，但如果周围高楼林立或者邻居附近种了一排大树，遮挡了房子的光线，让房子照不到阳光的话，这样的房子居住时采光也会不好。

所以看一幢房子的时候要看周围有没有被高楼大树遮挡采光。我记得有一次看房，在网上看资料的时候对它的地理位置、周围绿树成荫的环境、房屋本身都相当满意，但不知道为什么这套房子卖了很久都没有卖出去。后来实地考察的时候发现，屋外郁郁葱葱的森林环境虽然很美，但把阳光都遮挡住了，以至于房子大白天开着窗还需要开灯提升亮度，这样暗暗的房子也让人感到压抑阴冷。

还有些房子与邻居间隔很近，或者窗对着窗，这样的房子虽然可能促进邻里交流，但对于一些喜欢隐私的人而言则可能会缺乏安全感。

❺ 景观

说了很多负面的环境影响因素以后，那么我们现在来说说"好"的环境因素吧！

我们都希望"有一所房子，面朝大海，春暖花开"，景观也是影响房价和房子升值很重要的因素。

仁者乐山，智者乐水。没有什么比忙了一天以后透过客厅的落地窗，看窗外海上的日落晚霞更让人放松的了。而在周末，在自己的阳台院子里看看书、品品茶，看着远处的山和郁郁葱葱的树林，欣赏鸟语花香，悠闲地享受生活的乐趣，也让人神往不已。

一般来说，在相同的社区里，有景观（比如水景、高尔夫球场景观）的房子会更受欢迎，也会更贵。一些研究表明，其他情况一模一样的两幢房子，水景房比非水景房价格可以贵 10% ～ 100%，而在豪宅市场、富人区里，景观房的溢价就更高了。

5.4.5　一个简单却有效的"懒人找房法"

如果觉得用大数据、用地图、用报告看房选地段太麻烦，那么可以试试这个"懒人找房法"，简单却很好用。

看一个地段是否宜居，就看附近步行距离内或者开车 5 分钟之内有没有星巴克，或者高级的有机超市，它们一般都会有专业的调研团队选择一个好的街区地段开业，所以你可以跟着它们的脚步，让这些精明的开发商和零售巨头会帮你选到宜居的好地段。特别是如果星巴克或者有机超市是最近新开业的,那么说明这个地段是在快速崛起的阶段中。

有研究发现,星巴克和高级有机超市开业的街区,今后几年的房价都会有明显提升。

5.4.6 户型与面积

除了地段和社区之类的环境之外,具体到每个房子上就要考虑户型与面积了。

如果是纯自住,那么户型和面积就应该根据自己目前的需求,并考虑将来几年内所面临的居住需求。

如果现在是单身、退休、无孩家庭,将来也不打算要孩子或者和孩子同住的家庭,那么纯自住可以选择市区里交通生活方便的 2 室 1 卫或 2 卫甚至 1 居室的公寓(一般会相对便宜、买家少)就可以了。太多的房间会闲置,太大的房子也需要更多打理,水电费之类的支出也会更高,没有必要。

但如果将来打算要孩子的家庭,如果有条件,至少应该选择 3 房 2 卫以上的房子,这样孩子可以有独立的空间,如果有老人同住或者帮忙照看孩子,也有独立的生活空间不至于太过局促。还有如果家中有老人居住,可以考虑一层楼的大平层设计,或者底层有卧室(1st floor bedroom)这样的设计,这样老人就不需要上下楼梯了。

如果是投资客的话,也分出租和抛售盈利这两种模式:

如果是出租的话,1 房或 2 房的公寓和独立屋相对而言最容易出租。一般市场上大部分的租客都是学生或者没有孩子的青年和老人,相比房价租金的回报率也会高些;房子太大的话租金收益率就会有所下降,而且一般只能租给有家庭的租客,减少了流动性。

如果将来打算买房抛售的话,那么尽量不考虑 1 室 1 厅或者 1 室户

（Studio）的房型，因为购房者主力还是以家庭为主，1个居室的房间就比较难以满足他们的居住需求，买家的购买意愿就小了不少。我曾经观察过，同样一个小区1房从挂牌到卖出的时间，就比2房3房要长一些。此外虽然房间多，但面积过小的房子也尽量不考虑。

在房型的选择上，不要忽视卫生间和储物空间。一些海外比较早的二手房一般卫生间数目设置不足，比如3居室、4居室只有1个卫生间，或者1.5卫生间（半个卫生间是只有洗手台和马桶，不能洗澡的卫生间），那么这样的设置在使用上就会造成诸多不便。还有一些老房子的卫生间比较小，只有淋浴没有浴缸，对于一些喜欢泡澡的人而言就是一种不足。

此外现代人一般衣物较多，如果是家庭的话，房子里设置数量和面积足够的储物空间就比较重要了，所以有些房子如果有地下室、阁楼、储藏室、步入式的衣帽间也是加分的地方。

一般比较新的房子在设计上会考虑到现代人的居住习惯，如果是二手房比较老式的房子就要考虑它的户型面积是否适合自己的居住习惯了。

此外，也可以注意房屋的朝向。一般而言，中国的房子比较讲究朝南，有阳光。但不知道为什么很多外国人并不怎么介意朝向，所以房子的朝向东西南北都有。所以在买房的时候可以询问卖方房屋的朝向，或者可以在地图上查找房屋的方向。

美国、加拿大、英国和中国一样都在北半球，所以也是朝南的房间采光比较好，而澳大利亚则相反，处在南半球，所以反而是朝北的房子采光更好。

5.5 怎样的房子最值得投资

如果你买了房子考虑投资升值的话，那么这里也有一些小贴士。

投资房分为两种：（1）靠资产升值收益；（2）靠出租租金收益。两者既有相同点，又有一些不同。

5.5.1　靠房屋升值，买卖赚取差价

首先，很简单的公式：

利润 = 卖出价格 − 买入和持有成本

所以要提高利润，你需要：（1）让卖价越高越好；（2）让买入价格越少越好。

其中最简单的一个方式，就是靠房子本身的地皮 / 地段升值了。

如何找到快速上升中的街区？

如果你是一个买房投资者，能赶在大部分人之前，找到下一个快速发展上升的街区并进行投资布局，就像拥有了一只黑马潜力股，几年后地价飞升，就会有可能让自己的资产升值翻倍。那么，如何找到这样的潜力股，这些"下一站热点"街区有哪些特点呢？

❶ 人口增长情况

一个城市或者一个地区人口流入越多，如果房产供应量有限，那么该地区房价可能就会增长更快。而相关商业配套也会起来。如果流入的是高端人口，那么这个效应就会更加显著。来自美国房产网站 Trulia 的研究数据显示，近年来房价的增长和人口增长密切相关，有 60% ~ 70% 的关联性。而澳大利亚中央银行的研究也得出了相似的结论。

举一个美国的例子，在美国 2015 年和 2016 年人口增长最快的前 5 个地区，人口在一年里的平均增长了 2.6%，而房价相应地增长了 6.2%。而在人口增长较慢甚至人口减少的几个地区，人口平均减少了 0.5%，相应的房价涨幅就比较低，平均为 2.8%。

美国地区	2015～2016年人口增长	2015～2016年房价增长
人口增长前5名		
Cape Coral-Fort Myers, FL（佛罗里达州迈尔斯角珊瑚堡）	2.9%	5.1%
Austin, TX（得克萨斯州）	2.8%	6.0%
North Port-Sarasota-Bradenton, FL（佛罗里达州萨拉索塔‐布雷登顿北港）	2.5%	6.5%
Deltona-Daytona Beach, FL（佛罗里达州代托纳海滩）	2.3%	8.7%
Raleigh, NC（北卡罗来纳州大学）	2.3%	4.9%
人口减少前5名		
Pittsburgh, PA（匹兹堡）	−0.5%	1.8%
Chicago, IL（芝加哥）	−0.5%	1.8%
Detroit, MI（底特律）	−0.6%	4.0%
Syracuse, NY（雪城，又名锡拉丘兹）	−0.6%	1.9%
Honolulu, HI（火奴鲁鲁，即"檀香山"）	−0.6%	4.6%

❷ 靠近公共交通或者规划中的轨道交通

和国内一样，很多海外的大城市现在也有了"地铁房""交通房"的概念。越来越多的年轻人喜欢公交而不是自驾上班，很多退休的老年人同样喜欢便捷的公交出行，越来越多的商业配套也会选择建在有公交设施的地方。而一般有大规模基建公交投资的地方也是当地政府比较重视的热点区域。所以，一般来说靠近公共交通，或者附近规划地铁等公交系统的街区，也比较容易升值。当然，具体房子应该靠近地铁公交，而不是在它边上，否则可能会有一定的噪声和更多的人流，从居住舒适度和买家偏好来说都不合适。

❸ 街区周围出现各种小资生活类店铺

如果周围出现了咖啡馆、果汁吧、奶茶店、瑜伽健身工作室等。就说明当地渐渐有了年轻人、艺术家和小资中产阶级，并且会吸引更多的潮人，形成一个有文化创意的地区。

当然，潜力街区也会受大环境的影响。一个大的地区总体经济上升，人口涌入了，那么这些街区才会有上涨的动力。在经济大环境差的情况下，各种开发投资都停滞了，潜力街区就会受到较大影响。

❹ 买的时候就要考虑卖的时候

交易流动性是被很多人忽略的一个地方，但实际上如果你买了房不打算常住，考虑将来要脱手的话，交易流动性也是相当的重要。

一般来说，同一个区域内的豪宅比普通住宅更难脱手（挂牌时间更长）。而过于有特色的装修和外立面设计风格也可能吃力不讨好（受众比较少），如果是一套入门级的小房子，后院的简易游泳池可能并不是卖点，而是负担。太差的房型，天花板太低矮的，区域环境差也是比较难脱手的。相对而言，学区房比较好脱手（当然你买的时候就会花更多的钱）。

总之你在买房的时候也不妨想想，将来如果要卖掉这套房的话买家会是谁。

要注意的是，如果是考虑升值保值，从投资赚钱的情况下来说，一般不要选择同一个小区街道里最贵、最漂亮、最大的房子，因为这样你买入的时候可能已经支付了一定的溢价，转手的时候利润就会比较低。可以选择中等或者中等偏下的房子，这样买入价格比较合理，然后进行一定的翻新，脱手也会比较方便，利润也不错。

❺ Flip 房

除了坐等地皮自然升值之外，还有一种方式就是人为改善房屋本身，让房屋自身的价值上升，这也叫作 Flip 房。

Flip 房首先要选在比较好或者近年来迅速上升的地段，比如好的学区、交通不错、有公交更好、周边有所发展、lot size 不错。在这样的地区，也经常有一些老房子，主人一住就是几十年，没有翻新过，和周围的新建设格格不入。

或者一个原本比较低端，充满了破旧房屋的社区，近几年开始 gentrify（绅士化），有不少年轻的"艺术家"、小资人士入住，附近有大量的商业地产投资建设等。这样 Flip 以后可以比较容易卖掉并卖出高价。

如果是要在一个特定的社区里找 Flip 房，像前面提到过的一样，选择同一个小区里价格比较低的房子，比较每平方尺的单价，每个房间的单价，选择单价低的。

它们外观可能看上去不怎么样，内部装修比较老旧，有时候需要做一些翻新，这样价格可能比较低，挂牌很久都无人问津。但房屋结构或者房型没有太大硬伤，可以把房子按照现代的审美和生活习惯装修翻新，卖出高价。

当然，如果你打算推倒重建，那么主要还是地段，还有地块。如果要有较大改造的话，一般就只能选独立屋了，可以选择那些地段好、地块合适、本身房子却很小的破旧房屋。如果地块大，可以考虑把地皮分成几块，或者建成多个单元房，当然要向当地政府进行申请获得批准。

5.5.2　靠出租

如果你打算靠房屋出租而获得收益，那么最重要的就是租售比。

租售比 = 实际租金收入 / 买房成本

而其中，实际租金收入 = 每月租金 ×（12- 空置期）- 装修成本 - 维护费。

所以，提高租售比，首先需要控制成本，其次就是提高租金，减少空置期。

不同的城市租售比会有很大的差别，房价高的城市虽然租金也高，但还是会降低租售比；相反，一些房价较低就业却稳定的二三线城市，租售比却会更高。

如果购买的是公寓房，那么一定要注意小区是否有出租的限制，车位是否足够，还有就是物业费，物业费也是净租金收益的一大因素。

5.6 如何像专业验房师一样看房

对于喜欢或者比较确定要买的房子，特别是二手房，可以找专业的验房师做房屋检查（Home inspection）。但如果你还不是那么确定，或者有好几套房子需要考虑的话，可以先自己学会看房。因为每次请验房师大概要付几百美元或几百磅，几套十几套房子看下来如果都请人验房的话就要花费不菲了。

看房可以预约中介定一个时间去看，也可以趁着 Open House（公开开放日）的时候自己去看。如果不在当地，也可以找信得过的朋友、家人代看。可以关注下面这些点：

❶ 小区

看房当天可以先提早到区域，在附近转转。看看周边是否有铁路、高速公路、变电站、污染源、垃圾场等。周边是否有比较方便的配套，比如餐馆超市、公园、地铁、公交车等。

是否有新建或建设中的办公楼、零售餐饮、市政项目等利好的建筑。

小区有哪些公共设施与之相配套，绿化如何，公共区域的维护做得如何？

社区和邻居的情况，买的车是怎样的，他们对于房屋外墙或者花园、阳台打理的井井有条，还是会把房子外面堆得乱七八糟？

❷ 车位

如果房子坐落于住宅区，公共交通较少，那么车位就相当重要了，尤其是购买公寓房和联排别墅，这里小区车位会比较紧张。如果一个小区车位不够，那么自住或者客人来访的时候都会不太方便。

看房时可以看看小区是否有足够的公共车位？房子本身是否自带预留的车位或者车库？如果是自带车库的话，看看车库是什么类型，如果家里有多辆车，那么最好有几个预留的车位。

一般来说，最好是可以并排停车的车库，但有一些房子是前后泊车的车库（tandem parking），这样如果一家有几个上班族会停车开车可能不太方便。如果没有车库，那么有一个车棚（carport）也不错。如果没有车棚，那么可以看看 driveway，也就是私人车道是否宽敞，可以停放几辆车（一些圆形车道 circular driveway 的设计也是为了方便停车）。还有就是是否可以街泊了。

❸ 房屋本身

下面这张图是一个独立屋的主要结构和要检查的地方。当然，新建的房屋一般检查起来比较简单，担心的地方较少。而如果购买的是公寓房的话，那么地基、屋顶、水管、暖气、墙等建筑结构类的问题也不需要太过担心，小区物业会主要负责。

重点检查修复起来最贵的几个项目，包括：

地基 foundation：检查地基是否断裂。有时候一套房子如果发现墙上有比较大的裂缝，而且如果是水平或者 45°角的，那么很可能房子的地基有问题。一般来说修一个地基可能需要上万美金，而垂直的小裂缝不是什么大问题。

屋顶 roof：检查屋顶平整情况，有没有破瓦，或者高低不平的情况。换一个屋顶一般需要上千到上万美金不等，修补的话则需要几百到上千美元。屋顶的寿命一般可达 15 ～ 20 年，所以可以问一下卖家或者中介屋顶的"年龄"。

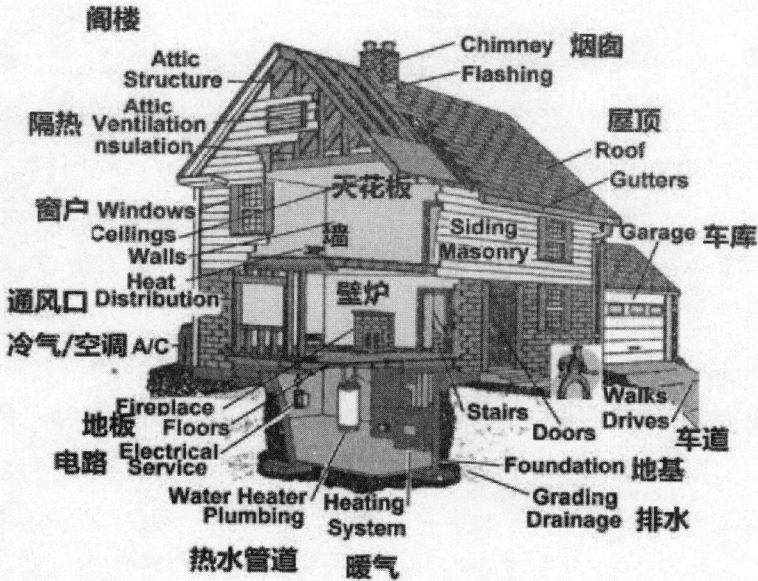

水管 plumbing：是否生锈。如果在寒冷地区的话，冬天家里有没有开暖气或者有没有对管道进行防寒处理。我有一次买完房子后来发现排污管被树根堵住了，结果只能换掉，花了几千美元。

锅炉 furnace：锅炉的老旧程度，换一个新的锅炉大概要 5000 美元。

窗户和门：是新的还是生锈的，是否能很顺畅平滑的开关。

露台 patio/deck：是否完好，是否有木头腐烂。

天花板 ceiling：无裂缝，是不是"泡泡顶"，一般泡泡顶的话可能有石棉。

墙：是否有霉斑、渗水的痕迹。

木头结构：是否有白蚁的痕迹。

❹ **房型、采光、风水**

房型可以看房间的格局、面积、卫生间的配置，是否有足够的储物空间等。

如果是一个家庭自住房追求舒适的话，那么面积和房间数目可以根据居住人数来看，虽然卫生间私密性比较重要，但也并不是每个房间都需要一个卫生间。房间如果稍微大一些，居住起来会更加舒适。有足够的储物空间或者地下室，会让房间更加整洁整齐。

而如果是买来打算分租，或者自己买了找室友合租，那么就可以考虑每个卧室带卫生间的套房设计，因为包含独立卫生间和不包含独卫在租金上有比较明显的差别，而房间本身的面积并不需要太大，房客一般不会因为你房间面积更大就愿意付更多的钱。如果是改造的话，也要有好的房型结构作为基础，否则先天不足的房子改造就会需要更多的时间和金钱。

还应该看看朝向和采光。可以选择晴朗的天气去看房，判断房屋的朝向和采光。看看房间是否明亮通风，周围有没有被太多楼宇和树木遮挡。

❺ **看房的时候可以有下面几个小贴士**

拍摄照片：这样当你在比较不同的房子的时候就可以用到，还可以提醒你看房子时要注意的地方。

可以带一个朋友或家人：可能会给你不同的建议。

用手机做一些笔记，如果有问题的话回去就可以咨询或者查看修复的估价。

第 6 章

有了中意的房子以后怎么做

海外置业投资
一本通

6.1 获得卖家披露（Seller Disclosure）

看完房子以后如果觉得还满意，有比较高的意向想要购买，可以问对方或者自己的中介要 Seller Disclosure，也就是卖家披露。卖家披露一般是正常的二手房交易中卖家必须填写、提供的，但新房以及拍卖房则不需要提供。卖家披露里面会告诉你一些可能忽略，但非常重要的房产信息。可以让律师、中介或者自己认真看一下。

不同的地方，对于卖家披露的要求也不同。

在美国，卖家必须披露是否有过房屋结构性的问题，主要设施比如屋顶、暖气、管道等的寿命和状况，还需要披露是否了解房子里可能使用的有害材料（石棉、含铅油漆等）。不同的州也会有不同的披露要求，有些州例如加利福尼亚州还需要报告房子里去年 3 年内有没有死亡，邻居是否特别吵，是否在地震或洪水区内，是否有虫害等。

在加拿大，卖家披露相对简化，需要披露一些对于居住有安全隐患的问题，比如霉菌、可能的塌陷等。一些比较明显可见的问题，比如屋顶漏水、墙上的裂缝，这些卖家则不需要披露。

在澳大利亚，卖家披露也相对简单，必须披露这些信息：产权上是否有问题，是否有租约之类的协议和土地使用的限制。此外，在悉尼所在的新南威尔士州，卖家必须披露房屋漏水的信息。

在英国，卖家需要披露比较多的信息，包括：披露产权上是否有问题，房屋是否有结构上的问题，之前房子是否有因为房屋检查没有通过而受到影响交易的历史，是否向政府申请过改建许可，房屋是否在高速公路旁边和飞机航道上，房屋附近最近是否有犯罪发生，房屋周围是否有害虫杂草，甚至是否有邻里之间的问题（比如邻里不和、邻居太吵、邻居是否有反社会人格）等，非常详细。

在一些房地产市场比较火爆的地区，为了缩短交易时间。有时候卖家还会主动提供更多的资料，比如验房师报告等。这样买家就可以提前了解更多的信息，节省了请验房师验房的时间。

新房的话一般不需要卖家披露，但开发商一般会提供房屋保修书（10 年比较常见），如果在保修期内遇到问题可以保修。一些二手房卖家也愿意提供房屋保修，一般会在广告里列明。

6.2 起草买家意向书（Offer）

看完房子，看完卖家披露（新房子一般不需要），如果觉得满意的话就可以考虑出价、起草买家意向书了。

我们先来说说比较简单的情况——新房。新房的价格是比较固定的，不需要中介可以直接和开发商谈，讨价还价的余地不大。一般新房都是供小于求，而且开发商如果降价了也会影响其他单元的销售。不过，虽然价格上难以松动，但在装修上可以和开发商谈，可以让他们把你的地板、厨具、卫浴之类的升级，此外或许还可以让他们帮忙支付一部分的买家过户费用。有时候，如果找中介买房，那么开发商或许会给中介一笔佣金，可以和中介商量返现一部分佣金给你。

如果是拍卖的房子，那么情况也比较简单。一般拍卖房有一个起拍价，有一个卖家的保留价，如果出价超过了保留价以后，那么一般就是谁的价格最高就卖给谁，也很好理解，你的出价取决于竞争的人数。

然后就是二手房，二手房一般都是可以讨价还价的，当然遇到最后成交价高于挂牌价也很常见，极少有房子最后的成交价和挂牌价相同。

对于二手房，买家的购买意向一般包括下面的信息：

（1）价格。

（2）付款方式。

（3）约束／买家保护条件。

（4）其他。

下面我们分别来说一下。

6.2.1　价格

首先就是你愿意购买这套房子的价格了，这也是买家意向中最关键的。

这里我们先来了解两个概念——买方市场和卖方市场，他们决定了买家和卖家的话语权，以及最后成交价和挂牌价的关系。

❶ 买方市场

买方市场有利于买家，在买方市场中市场上的房子比买家要多，供大于求。不少房子挂牌几周到几个月都几乎无人问津，也时常有卖家降价。在这种情况下买家就有更大的议价权，常常可以以低出挂牌价不少的价格成交。

买方市场一般出现在经济不景气的时期，人口老龄化或减少的地区和环境恶化的地段，比如美国中西部很多城市，欧洲的许多老龄化的中小城市，国内的东北地区等。

或者，一些曾经投机炒作过度的城市，在遭遇了经济危机后市场发生了热钱撤走、市场调整的情况，比如美国的拉斯维加斯、爱尔兰的都柏林等。而在一些经济发展不快，人口收入没有明显提高的二三线城市的高端豪宅市场，也会出现类似的情况。

❷ 卖方市场

与买方市场相对的是卖方市场，卖方市场里房子供不应求，卖家和卖家中介是最大的赢家。买方市场里一个房子挂牌几天就有不少买家看房，几天到一周后就会收到数个报价意向然后被抢走，其中不乏支付现金的买家，在激烈的买家竞争中，房屋的成交价也会比挂牌价高不少，有的房子最后成交价可能是当时挂牌价的一倍。

有时候遇到一个物美价廉（或者中介故意挂低价吸引更多买家）的房子，可能会有十几个买家争相竞价，就像拍卖毕加索的画一样。显然，在这样的市场里，买家没有太大的话语权、议价权。

卖方市场出现在人口流入比较多，特别是高薪，临近成家年龄的年轻一族；地区经济发展比较快，市场供应（二手房和新房）比较少，外国或外地投资客比较多的地区，一些一线城市好的学区的房子也是这样。这样的地区房价一般升值也会比较快，导致大家担心现在不买将来就更买不起了。比如美国的旧金山湾区、波士顿、澳大利亚的悉尼、墨尔本、加拿大的温哥华等。

所以，根据你想买的房子判断是买方市场还是卖方市场，可以制定不同的出价策略。可以看看一个房子是否在市场上挂牌了比较长的时间，还是一挂牌就有很多的点击率（一般房产综合网站会列出一些房源浏览量的信息，可以据此观察这套房吸引的人多不多），公开看房日的人是门可罗雀，还是摩肩接踵？

可以咨询中介的意见，对该地区有经验的中介也会给出一个出价的建议和区间。当然，有时候中介可能为了提高成功率和佣金，他们会建议你出一个比较高的价格。

所以还可以参考其他的信息来源给房子进行估价。很多网站也会对房屋的市场价进行大数据方面的估价，比如美国 Zillow 的 Zestimate 和 Redfin 的估价，加拿大 Zolo 和 HouseValues 对房价的估价等。

Home Value

Zestimate ❓
$2,005,785

ZESTIMATE RANGE ❓
$1.46M - $2.61M

LAST 30 DAY CHANGE
-$13,007 (-0.6%)

（Zillow 的房屋估价举例）

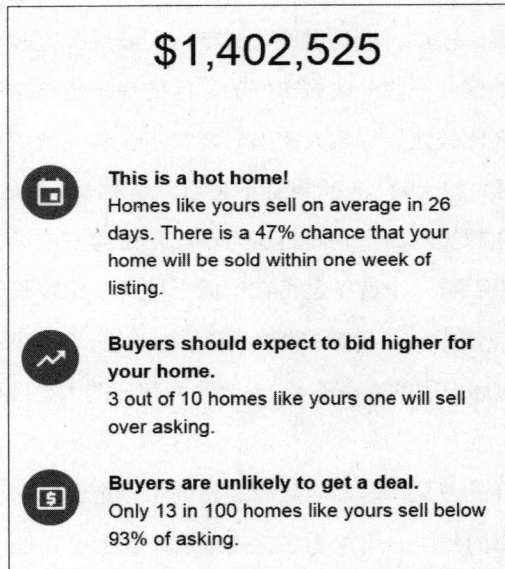

$1,402,525

This is a hot home!
Homes like yours sell on average in 26 days. There is a 47% chance that your home will be sold within one week of listing.

Buyers should expect to bid higher for your home.
3 out of 10 homes like yours one will sell over asking.

Buyers are unlikely to get a deal.
Only 13 in 100 homes like yours sell below 93% of asking.

（Zolo 的房屋估价举例）

　　这些估价都可以作为一个参考，普通的房屋（除了设计师设计的房子，景观很好的房子），一般成交价最后大多会在估价附近的范围内。有时候不同网站的估价很可能会相差不少，所以可以多看几家并且比较一下房屋状况再出价。遇到没有估价的情况，也可以参考周围其他类似的房子最近的成交价来进行判断。

最后，对于出价最好有一个心理底线。有些房子如果抢的人太多价格已经很高，要考虑是否一定要志在必得，还是可以多看看、多等等。有的时候买方或者卖方的经纪人可能会给你造成一种"需要出更多钱买下"的感觉，这时候就看自己是否真的愿意以这个价格一定要买下这套房子了。

如果不是特别急着买房，或者不是百分之百理想中的房子，不一定要加入"抢房大战"，或者给一个比较合理的价格，就算抢不到也会有其他的房子，不要因为有竞争而一时冲动出了比房价估值高太多的钱。

这里就讲一个发生在我自己身上的故事，我刚在旧金山湾区看房的时候没有经验，有一次看到了一个 mountain view（山景城）3 房 2 厅的公寓，挂牌价只有 70 万美元，感觉价格不错，去看房的时候发现很多人和我想得一样想捡便宜货，结果人山人海连车位都快找不到，然后据说有十几个 offer……最后出价的时候我给了 90 万美元，已经比报价高了 20 万美元，最后居然有一个买家出了 140 万美元买下。我不知道发生了什么，但这个价格明显不太理性。这套房子 2 年后的估价和同一个小区类似单元的最近的成交价，还在 100 万美元出头，也就是当时出 140 万美元的买家损失了 40 万美元。

相反的是，如果一个买家看到一套房挂了一个月以上，那可能和卖家就有一定的议价空间，可以讨价还价。一些一开始价格开得比较高的房子，或者高端房，流动性很小，放了一段时间以后，卖家也可能会自动减价，或者可以好好谈一下价格。这都是遵从市场规律的。

还有一个窍门是，冬天的时候，一般 10 月以后，到每年的 1～2 月的时候，是买房比较好的时机。选择在这时候卖房的卖家一般是比较急的人，看房的人也会少一些，这时候一般房价会稍微低一些。而一般春夏天，5 月以后，房价会相对高，看房的人也会比较多，对买家而言就会面临更多竞争和出高价的情况。当然，不同的市场可能季节性会有一些不同，但这个冬天低、春天高的规律却比较普遍。

一般来说卖家、卖家中介对于你的出价会有 3 种反应，接受、拒绝、再谈价（或者询问你是否愿意多出价）。在第三种情况下你还可以调整你的报价，或者坚持原价，进行下一轮的谈判直到出现卖家的最后决定。

此外，即使最后买家和卖家在价格上达成一致，买家在接下来还是有机会谈价的，可以参考 6.2.3 的保护条款。

（一个买家意向书的例子）

6.2.2　付款方式

付款方式一般有贷款和现金两种，也需要在出价意向中声明。

我们前面提到过，在出价相同的情况下，卖家一般更加青睐于现金支付，因为会省去很多和银行相关的麻烦和风险，步骤会快很多。但如果贷款买家愿意比现金买家的价格出得稍微高一些，那么卖家就会权衡了。对于比较急的卖家，现金支付可以在价格上有一定的余地，也有一些不急的卖家在乎的是价格。

在递交出价意向的时候，贷款买家应当附上银行预批贷款的证明，现金买家应当附上一些证明可以支付全款的存款或资产证明。这样显示你的实力和诚意，更容易被对方认真对待。

6.2.3　保护条款（Contigency / Condition）

如果买家出了 offer 以后卖家接受的话，就需要支付定金或诚意金，放在第三方托管账户 escrow account 里。但在购房中买家和卖家信息是不对称的，所以为了保护买家，一般出价意向中有一些可以保护买家的保护条款（contingencies / conditions）。买家一般有一周左右的时间去检查房子是否满足保护条款，比如申请贷款、检验房屋等，这也是买家可以获得订金全身而退，或者最后讲条件的机会。

一般如果出买家意向的时候，最好都要求保护条款，不要放弃自己的权利，这样可以保护自己的利益和损失。

在美国、澳大利亚和英国买房都有这样的保护条款（contingencies），在加拿大，这样保护条款又叫作条件条款（condition clause）。

一般常见的有下面这些条款：

❶ 房屋检查保护 Home Inspection Contingency

也就是房屋检查的条件，这也是买家保护条件里可以说是比较重要的一个，不管是贷款买房还是全款买房都值得考虑。

很多买家看房的时候可能会忽略房屋的隐患和建筑结构等需要花大价钱翻修的地方，所以一定要找一个专业的验房师来检验。

一般来说，在买家意向被卖家接受以后的一周内，可以花几百美元找专业的验房师验房，验房师然后会检查房屋有哪些大小问题并给出报告。找验房师可以让中介推荐，也可以在一些装修网站上找（比如 Thumbtack 或者 Yelp，他们也会有评分）。可以找 2 ~ 3 家比较一下价格。一般验一套普通大小的房子需要 2 ~ 3 小时，收费几百美元。

验房师会和卖家约好一个时间验房，你可以一起去看，也可以不去。

验房的时候，验房师会检查房屋的屋顶、外墙、地基、电路、暖气、空调、隔热、管道、门窗、内部状况等。

验房师验完房子以后会出具详细的专业报告，上面会告诉你房屋的总体状况，哪些地方需要修补、严重程度等。还会附上图片解释。

如果你阅读了验房师的报告以后，对一些房屋状况不太满意，可以有下面几个选择：（1）与卖家协商让他把一些项目修好；（2）与卖家讨价还价；（3）退出不买了（卖家会返还定金）。

当然，如果你买了房子打算推倒重盖或者自己大翻修，也可以跳过。

还有一些写明了"as-is"的房子，就算有问题卖家也不会修整。这种 as-is 房适合比较有经验，不怕麻烦的买家，并不适合新手。

当然，有时候卖家如果有好几个买家抢房的时候，可能不太喜欢这个条款，如果你对一个房子特别看好，又有几个人抢房的时候，可以在出价前找验房师提前验房，这样的好处是你出意向的时候可以在意向书上省去这条，节省时间，为卖家降低风险，也增加你的竞争力。

❷ 房价评估保护 Appraisal contingency

就是估价的条件，这个主要是和需要贷款的买家有关。

当贷款银行了解到你具体要买的房子签订了买家意向以后，会派独立房屋估价师上门来对房屋的价值进行一个评估，主要是为了控制银行的贷款风险。

然后估价师会对房屋价格进行评估，银行会根据估价考虑你申请的贷款是否合适，批给你贷款的金额不会超过第三方估价所能贷到的金额。

有时候问题就来了，如果银行估值低于你的出价，那么如果你坚持要买，就只能自己掏钱补上贷款的差值。

比如你打算用 100 万美元买房，贷款 80% 也就是 80 万美元，但如果银行的估价师评估下来房子只值 90 万美元，银行只能给你贷款 72 万美元，那么如果你一定要花 100 万美元买的话，多出来的 8 万美元就要自己想办法。

所以，如果有了这个房价评估保护，如果银行估值比出价低，你可以考虑和卖家讨价还价，也可以自己凑多余的首付补上，或者拿回定金退出。

❸ 贷款申请保护 Mortgage/Financing contingency

这个就是是否能够获批贷款的条件。不过现在一般来说建议买家先找银行做预批（pre-approval），了解自己是否可以贷款，可以贷多少钱。一般如果预批通过了接下来正式贷款问题不会太大。

在一个卖方市场，就是比较火爆的市场里，一般来说卖家或者中介当然希望买家的保护条款越少越好，过户交易越快越好。但作为一个买家而言，也要考虑自己需要的风险，给自己一定的保障。

6.2.4　其他

还有一些可以在合同里面谈的内容。包括：是否附赠家具（具体哪些家具），预计需要过户的时间（closing time），卖家在交易过户后是否可以在房子里多住一段时间（rent back period）等。如果有这些内容都应当在协议书或合同上写明。

然后如果双方都取得一致，就可以在正式的购买意向书或购买合同签字了，进行贷款和过户阶段了。

6.3 买房，以谁的名义

大部分买房者都以个人或者家庭名义买房，但在海外购房除此之外以其他的名义买房的情况也不少见。下面我们来聊聊除了个人以外买房的选择。

6.3.1 与他人合伙买房

如果你打算和他人（比如好友，女友，甚至夫妻）合伙买房，在这种情况下也有不同的选择，一般有下面两种。

（1）共同持有（Tenant In Common）：共同持有是一种比较灵活的方式。这适用于任何合伙买房的情况，合伙持有人可以是夫妻也可以是朋友或同事等。在这个方式下利益分配比较自由，可以是90%/10%，也可以是50%/50%。如果有一方需要转让自己持有那部分房屋产权也可以很容易地转让。

（2）联合持有（Joint Tenancy）：联合持有也不限制持有人之间是否有婚姻关系。但区别在于这种情况下利益必须平均分配（如果2个人就是各占50%，4个人就是各占25%）。如果有一方转让他的产权部分，则联合持有关系结束，变为一般的共同拥有物业权。如果联合持有物业权的一方过世，那么他的产权将自动转移给另外活着的持有人。

6.3.2 用他人、父母、孩子名义买房

有时候因为一些原因，买家希望以父母的名义买房，比如考虑到结婚财产分配、税费、个人信息保密等。也有不少人可能考虑到遗产税的问题，会直接以孩子（一般需要成年子女）的名义买房。如果是现金买房的话没有什么难度，买房的时候完全可以写他人的名字。

如果是希望以父母的名义买房，却需要贷款（自己帮父母还）的话，那么可以考虑让自己成为一个非住户 co-signer 或共同借款人。

如果是留学生没有收入来源，想要以贷款的方式买房的话，可以和父母联合贷款买房，以父母的收入或者资产联名担保，共同获得贷款、偿还贷款。

当然，要考虑的是，如果以父母名义买房，以后你可能会有继承遗产税的问题，不过对于继承人而言，遗产税一般会少于赠与税。而如果是以联合产权购房的话，那么转让产权的时候又可能需要征税，存在税负更高的情况。此外也可能牵涉到一个互相之间信任度的问题。

6.3.3　信托

也有人通过信托来买房。信托很大的一个优点在于资产保护，信托里的财产一般人比较难以触动。如果一个人被告或者破产了，那么他的个人财产就有被拍卖或者收回的危险，但信托里的财产依然安全。信托也能避免继承权或财产分割的一些问题，便于管理和分配，还可以对孩子、受益人合法降低继承相关的税费。此外信托买房还可以保护一定的隐私。

但信托贷款的时候可能会比较麻烦。不是每个贷款人都熟悉做信托贷款的业务，而且有时候用信托买卖房屋的增值税也会比较高。如果想要设立信托来买房，建议咨询相关律师来进行操作。

6.3.4　公司名义买房

此外还可以通过公司名义买房。以公司名义买房的好处一般是利益分配 / 转让与降低税收。

如果你是一个以投资、开发房地产为主业，或者有好几套房当房东，或者有其他合伙人共同投资的话，可以注册一个公司。公司的收入税和增值税一般会比个人低一些（还有不少可以抵税的项目）。用公司的话还可以保护你个人的责任、财产，规避风险和隔离债务。此外公司对于收益的分配和转让也比较方便。公司买房也可以保护一定的隐私。

　　但用公司名义买房的话，一样会遇到贷款困难的问题，你的杠杆会变小，如果有贷款利率也会变高。而且对于一个普通买家，如果你在两年以后卖房的话，有一定的增值免税额可以免税，公司的话就没有个人住房增值税的优惠。此外开设公司也会有比较复杂的手续和费用，所以一般人也没必要这么麻烦。

第 **7** 章

过户之前的准备

海外置业投资
一本通

7.1 不要让钱成为你的障碍

选到了中意的房子，谈好了价格，做好了房屋检查以后，最重要的就是准备资金。所以我们在这里谈谈"钱"。

7.1.1 全款

首先是全款买房的话，一般手续都非常简单。

要注意的是，虽然说是用"全款""现金"买房，不代表你真的带着一麻袋现金去买房。买房交易一般只收汇款（Wire Transfer），如果房子金额低有时候可以收银行本票（cashier's check）。

对于全款买家，在看房的阶段应当准备好流动资产证明，比如银行存款、容易变现的股票等，如果是中文的话应该翻译成英文。这样在看房或者有了购房意向的时候，出示给你的中介或者对方卖家，他们都会觉得你更加可信。

买房时，应该准备一个在当地开设的银行账号，并在交易过户的时候，把房款通过电汇（Wire）的方式，转账到指定的第三方托管账户（escrow account）或者代理律师的账户中。

全款买房省去了银行批贷这一最耗时间和风险最大的步骤，大大缩短了交易时间。而全款买房者也是卖家最青睐的，甚至可以给出一定的价格优惠。

当然，全款买房对于资金有不小的要求，且没有利用低利率进行杠杆操作放大资金的机会。

7.1.2 贷款

贷款缓解了买房者的资金压力，让很多买家可以提前十几年、几十年入住自己的家。而且近几年贷款利率也比较低，可以让剩余资金投入到回报率大于房贷的项目上，更加灵活地利用好钱。所以，贷款也是大部分买家选择的买房方式。

首先，不少买家可能担心的是，我是不是能够获得贷款，贷款一定要本国人吗？等等。在下面具体说明之前我们先说一下：外国人（非公民或永久居民）在美、加、澳、英这些国家也是可能获得贷款的。所以不要因为觉得自己是外国人，或者在国内工作就放弃了贷款的尝试。

那么我们就从贷款的几个方面来进行具体介绍吧！

❶ 首付

如果贷款买房，首先应当在买房的国家开设一个当地的账号，用来放首付以及将来支付房贷。

（1）美国

如果你是公民或者永久居民，或者在美国有合法签证、稳定工作以及信用良好的人（比如 H1B），那么从理论上来说，美国的房子最低首付 3.5% 左右就可以了（比如政府推出的"联邦住房局"贷款（FHA Loan）就可以是 3.5% 的低首付）。传统的贷款 5% 也有。这样的低首付比较受到年轻人、刚需族的欢迎。

不过，低首付要求有一定的信用分，也不是所有的房源和贷款银行都可以采用低首付。此外，低首付的利率一般会更高，如果首付比例低于 20%，还需要每月额外花几十到几百美元购买贷款保险，或者在过户时一次性缴纳几百到上千美元的低首付贷款费用。而如果一套房子的潜在买家比较多，那么卖家一般会选择全款，或者首付比例较高的买家，以降低贷款是否可以获批的风险。

所以，实际操作过程中比较常见的还是 20% 以上的首付。

如果你是外国人，没有在美国的稳定工作，但国内有稳定的收入，依然可以贷款，但至少需要 30% 以上的首付，不少银行可能会要求 40% ～ 50% 的首付。有些给外国人贷款的周期可能更短，但利率稍高。很多当地银行不会做这样的业务，最好找华人银行或者中资银行咨询。

如果你在美国是纯学生身份，没有稳定的收入，基本不太能靠自己贷到钱，以现金买房为主。当然，可以多找几家银行问问，试试运气，或者和父母共同贷款。

（2）加拿大

在加拿大，根据不同的身份，贷款的要求也不一样。

对于公民或者居住满 5 年以上的永久居民，或者有信用记录和收入证明的新移民，那么购买 50 万加币以下的房子最低可以先付 5% 的首付，如果购买 50 万～ 100 万加币的房子，那么 50 万～ 100 万部分的首付额度最低是 10%。但如果首付比例低于 20%，就需要购买额外的贷款保险。

对于新移民（获得枫叶卡不满 5 年的永久居民），要求先付 35% 以上的首付，但好处是不需要审核收入来源和信用记录，最多可以贷 150 万加币，30 年还清。

在加拿大读书的留学生（大专及以上），也可以获得贷款，需要 50% 以上的首付，最多可以贷 50 万加币，贷 25 年。

在加拿大读书的留学生（大专及以上），也可以获得自住房的贷款，需要 50% 以上的首付，最多可以贷 50 万加币，贷 25 年。

对于外国人或非居民，可以为 1 套房申请贷款，100 万加币以内的房子最少需要先付 35% 的首付，如果是超过 100 万加币的房子，至少需要先付 50% 的首付，最多可以贷 30 年。

（3）澳大利亚

在澳大利亚，如果是公民或者永久居民，首付最低支付 5% 就可以了。但如果首付低于 20%，就需要购买额外的贷款保险（LMI / Lenders

Mortgage Insurance），根据贷款金额而定，一般是贷款额的 2% 左右，可以一次性支付，也可以算在每月的还贷里。每个银行对于最低首付相关的规定也有所区别。

如果是外国人，一般需要提供至少 30% 以上的首付，但有些也可以批到 20% 的首付（贷 8 成），利率也很低，但贷款审批的难度会有所增加。

如果购买的是期房，那么一般支付 10% 的订金就可以购买期房 / 楼花，剩余的尾款可以在房屋正式交割的时候支付。

（4）英国

在英国，首付的选择也比较多，一般低首付有 5%、10% 的选择，但也有一些银行（比如巴克莱银行），对于一些客户提供 0 首付的贷款。不过，英国本国人一般选择 20% 以上的比较常见，这样可以避免购买额外的贷款保险。

外国人在英国买房也可以获得贷款，如果国内有收入和资产，可以从在英国开设有分行的国内银行进行贷款。一般自住房可以贷到 70% ～ 80%（首付 20% ～ 30%），投资房最低可以首付 25% ～ 35%。

他人赞助首付：

在美国、加拿大、澳大利亚和英国，他人（比如父母）是可以赠与买房者一笔钱用于首付的。贷款的时候，可以自己或者让贷款专员帮你写一个 gift letter（赠与信），证明这笔钱是赠与而不是借款。信上一般要求写明赞助者的姓名和联系方式、和买房者的关系、赠款金额、转账日期以及明确是赠款不要求还款的声明。

在美国，赠与税是赠与者交的，也就是你的父母（或者其他赞助者）交钱，而这个赠与方交税主要也是针对在美国的公民和绿卡居民，所以如果你的父母在国内，其实他们也不需要交税。作为接受赞助的子女并不需要交税，但如果你每年收到超过 100000 美元的来自外国（也就是国内）的赠与额，那么你要向美国的 IRS 税务局申报，要填一张 3520 表。

在加拿大、澳大利亚和英国都没有赠与税（Gift Tax），所以如果买房有一部分首付来自于亲友的赞助，这部分并不需要纳税。但应该保留好转账说明以及赠与信，以备查税和贷款方询问。

借款买房：

因为现在离婚和相关财产纠葛的问题比较常见。有些父母为了保护自己这方的利益，可以借钱而不是赠与子女房款。这样万一遇到财产分割的问题父母可以把借款讨回去。可以找律师做一个本票（promissory note）作为凭据。当然，借款的情况比较适用于全款现金买房。如果是银行贷款的话，评估时这部分借款不能算作你自己的首付钱，会影响你能贷款的额度。

值得一提的是，如果你找银行贷款，首付里有国内来的钱，不管是现金还是汇款，最好在买房所在国家本地的银行账户里放上2～3个月以上，然后再找银行。

因为银行批贷款的时候一般会看你2～3个月银行（不需要是贷款银行）的存款证明和交易情况。如果最近用来首付款的银行账号里内突然有增加了不明收入或者是国内的汇来的钱，即使是合法的钱，解释或者审批都会比较麻烦，要提供各种额外的证明，可能会花上不少的时间。所以还是提前放一段时间会方便很多，2～3个月以前的账户证明银行不看，也不会细究之前账户里的资金来源。

❷ 贷款的预批

在买房看房之前，应该获得贷款的预批（preapproval）。这样你会对自己是否可以申请贷款，申请多少贷款有一个比较明确的认识和准备，会更加受卖家和中介重视，正式贷款的时候速度也会快一些。

如果不是本国公民或者永久居民，可以多找几家不同的银行，特别是国际性银行，或者中国银行的海外分行、华人相关的银行问问，因为有些本土的银行不一定会提供给外国人贷款服务，而且应该找相关的贷款专员而不是银行柜员。

预批也比较简单，一般需要告诉他们你的身份、收入、资产状况以及信用或社保号用来查询信用就可以了。

预批是免费的，申请贷款的时候也不一定需要向预批的银行申请。

❸ 贷款的申请

对于银行而言，决定是否给你贷款的几个主要因素有：

（1）你的收入情况：收入水平以及收入是否稳定是决定你是否可以偿还贷款最重要的一个因素。一般来说，每月和房屋相关的贷款、保险、税费和物业费不能超过家庭税前收入的 1/3，或者贷款额不能超过收入的 4～5 倍。

（2）你的资产状况：如果有一定的资产，就代表你有更高的偿还能力，还可以把资产作为抵押，给银行更大的信心。

（3）信用记录：一般海外的信用系统比较完善，信用记录可以极大的影响你是否可以获得贷款，最低首付的比例，并且是否可以获得比较优惠的利率。

（4）负债状况：比如每月信用卡的开销，日常支出，是否有其他贷款（比如车贷、其他的房贷）要还等。这些会影响你的负债比例以及承担额外房贷的能力。

所以，正式申请贷款的时候，银行一般会要求你提供如下资料：

（1）身份证明，包括证明公民的证件、绿卡以及其他有效签证和护照。

（2）收入证明，包括近 2～3 个月的工资单以及纳税记录。如果是中文的，应当翻译成英文并公证。如果收入除了工资以外还有一部分来自公司股票、期权的话（比如很多科技公司），也可以把相关的证明打印出来（不过也不是所有银行都承认的）。

（3）资产证明，一般以可变现的流动资产为主，以及 2～3 个月的相关账单记录。证明有足够首付和相关交易费的资金，网上打印下来或者 PDF 就可以。如果你有好几个账号，不需要把所有的账号都打出来，只要发给银行的那个账号里的钱够就可以了。这里就联系起为什么之前要把首付的钱在银行放 2 个月以上的建议了。如果你打算卖股票用作一部分首付的话，也可以加上近两个月股票账号资金的记录。

（4）房屋买卖合同里面包括了房屋地址和房屋交易价格。

（5）居住地证明，比如写着你名字和地址的水电费账单等。

（6）信用号，提供贷款方查询你的信用记录。

这些资料应该尽快准备起来，可以放在一个文件夹里发给贷款专员或者代理律师。如果近几个月资产和收入有比较大的波动，那么应该给出合理的解释以及相关证据，或者等上 2 个月，等账面情况比较稳定再申请贷款。

❹ 贷款的选择

（1）美国

关于贷款，可以按照时间的长短分，一般最常见的是 15 年和 30 年的，也有更短的，比如 5 年或者 7 年的。一般贷款周期越短，利率越低。

除了按照贷款的期限来分之外，还可以按照是固定还是浮动利率来分。

一种是 15 年或者 30 年的固定利率（15 year / 30 year fixed loan），定下来以后这段时间里利率都是一样的，每月还贷的金额也都可以预期，减少了将来利率浮动的风险。

另外一种叫作浮动利率，一般比较常见的有 5-ARM 和 7-ARM。分别代表 5 年利率固定，然后 5 年以后根据当时的基准利率调整；或者 7 年固定利率，然后 7 年后调整。目前来说，浮动利率前几年会比 15 年、30 年的固定利率都要低不少，所以如果你在 5～7 年内打算出售住房或者一次性还清贷款，可以选择这样的 ARM 贷款，减少每月需要支付的利息。但如果你打算常住还贷 30 年，那么存在 5 ～ 7 年以后利率上升的不确定性，可能 5 ～ 7 年以后利率会比目前的 30 年固定利率增加。

（2）加拿大

在加拿大，贷款最多一般可以贷 25 年。也分固定利率和浮动利率。

如果是固定利率（fixed），那么一般有 1 年到 10 年不等的固定利率选择，如果选了 5 年固定这样的贷款，那么 5 年里的利率是固定的，到期（5 年）以后重新选择利率。

如果是浮动利率（variable rate），常见的产品是 3 年和 5 年，也就是 3 ～ 5 年的浮动利率。不过即使选择浮动利率，其实每月的还贷负担还是一样的，如果期间利率变高了，那么还贷更多用于支付利息；如果利息变低了，那么还贷更多用于支付房贷的本金。目前在加拿大的主流贷款中，选择浮动利率的买家较多。

此外，在加拿大如果提前还贷，有些银行会要求你付一笔提前还贷的赔偿金，一般来说，固定利率的赔偿金要比浮动利率高。

（3）澳大利亚

澳大利亚的贷款最高可以贷 30 年，也有固定利率和浮动利率的选择。

固定利率一般有 1、2、3、5 年的选择，也就是贷款在这段期间的利率是固定的，到期以后需要重新设置利率。固定利率减少了利率变化的风险，但如果想要提前还贷，那么就需要支付一笔罚金。

澳大利亚的浮动利率房贷每月的还贷根据利息而定，所以浮动利率有一定的不确定性。但浮动利率可以享受低利率时期的优势，而且也可以选择提前还贷，每月额外还贷而不用支付罚金。

此外，澳大利亚的房贷还有只付利息不还本金的贷款（Interest Only Loan），平时只需要支付利息，到期支付本金。这类贷款减少了每月的还款压力，比较适用于投资者或者打算短期自住然后抛售的买家。但如果打算长期居住的话，这样的贷款一共要还的金额会高一些。

（4）英国

英国贷款一般最多可以贷25年，分为浮动利率和固定利率。

固定利率一般可以固定2～10年，一般有2年、3年、5年、10年的选择，在此期间利率是固定的，不用考虑市场利率的波动，到期后重新确定利率。

浮动利率的利率会随着市场利率的变化而变化，但一般浮动利率贷款也没有提前偿还贷款的罚款。

此外，英国的房贷也有只还利息的选择（interest only loan），贷款者在指定的年期里（比如5年），只需要偿还房贷的利息部分，到期以后一并偿还本金。这样降低了前几年的还款压力，也适合短期持有房产的人。但这样的贷款支付的总额（本金＋利息）会高于正常的房贷，想要长期居住的人可以考虑正常的本息偿还贷款。

❺ 贷款的利率

贷款的利率会极大影响买房的成本。

对于一套100万元的房子，如果首付20万元，贷款80万元，以4%的年利率贷30年。那么这套房30年一共需要支付的利息部分就要57万元。

房屋买入价格	1 000 000.00
首付	200 000.00
贷款金额	800 000.00
贷款本息	1 374 956.05
房贷利息	574 956.05

而如果年利率变成了5%（提高了1%），那么30年一共要交74.6万元的利息，多交了17.6万元。

所以，应当根据利息以及自己的负担能力，考虑到最适合自己的贷款方案。

影响利率高低最重要的因素是当地央行的基准利率，基准利率决定了银行房贷利率的基础和大环境。除此之外，产品和个人因素也会决定你获得房贷的利率：

（1）贷款期限：贷款期限越长，利率越高。

（2）首付比例：首付越低，一般贷款的利率会变高。

（3）个人信用：个人信用越高，贷款利率会变低；个人信用分比较差，银行就会要求支付比较高的利息。

（4）VIP：如果你是该银行的 VIP，一般会有一定的利率优惠。

（5）贷款点数（Points）：有时候如果你愿意一次性支付一笔钱（"点数"/Points）给银行或贷款机构，就可以获得更优惠的利率。这个点数一般是贷款的 0 ～ 2%，比如你贷款 10 万元，付了 1 点，就相当于你花了 1 000 用来获得更好的利率。这时候你就需要比较花了这笔钱（点数）用来换低一点的利率是否值得。

一般来说，点数更适用于长期自住的贷款，这样你长期省下的利息会超过你原来购买点数的金额。是否购买点数，购买多少是全凭自己决定的。

选择贷款时应该货比三家，因为不同的银行可以给出的利率也不一样，比较的时候应当用同一个点数下的利率来比较，并且要求银行列出相关的贷款申请费之类的费用，这样才能更好地比较贷款的总成本。

7.2 以防万一的房屋保险

房屋保险用来保护房主在意外情况下造成的房屋财产损失，一般来说，每月的保险费几百美元左右，如果把房屋保险和车险在同一家公司购买，可能会有一定的折扣。

房屋保险里面一般包括：

（1）房屋本身的保险：保障意外来临时（比如洪水、火灾等）对于房屋结构及其修复造成的损害、损失。

（2）房屋财产的保险：保障房屋里面物品、财产的利益，比如家电，家具等。

（3）法律责任：比如装修工人在你家受伤，有人被你家的树枝落下砸伤等。

此外，在一些地震区、洪水区，可能要买额外的保险。

一般来说，公寓的保险和独立屋的保险也会有区别。而出租房的房屋保险和自住房的保险又可以有所区别。

房屋保险对于现金用户不是必需的，但是还是建议购买。

而对于贷款用户，银行会强制要求你购买保险。建议在贷款审批的时候就和保险公司联系保险事宜，比较报价，一般贷款审批到了后期要过户时也需要你提供购买房屋保险的证明。

第 **8** 章

恭喜你！可以交易过户了

海外置业投资
一本通

8.1 交易过户的大致流程

当钱的问题和房屋协商的问题确定以后，正式交易过户的过程就非常简单了。

一般买卖双方（双方律师代表），会约定一个时间进行正式的过户，在大部分海外国家，现金交易一般 1 ～ 2 周就能过户，贷款需要时间长一些，大概 4 周。

交易过户一般由双方律师或者产权公司（title company）主持主导。

在过户的前几天，产权公司、律师以及贷款银行会帮你计算出你在过户时所需要支付的总额，列出一个详细的清单表格。一般如果是全款就需要准备房款、交易税费、意向金或定金，而贷款需要准备首付、交易税费、意向金或定金。此外还会告诉你一个第三方托管汇款账号，你需要在交易过户的前一天把指定的金额电汇到那个托管账户里。

很多银行都提供过户费计算，以美国的美洲银行为例：

https://www.bankofamerica.com/mortgage/closing-costs-calculator/

比如一套 100 万美元的房子，首付 20%，你的过户交易费大致就需要 1.9 万美元，这里包含了一部分地产税、银行手续费、文件费、房屋评估费、房屋保险等。

所以你过户时实际至少需要 21.9 万美元的存款。当然，如果你是全款现金过户，那么过户交易费就会少很多，至少省去了银行的那些手续费，也可能省下保险费。

过户的时候，一般最常见的支付方式是 wire transfer（电汇），电汇的速度很快，一般几小时之内钱就可以到账。不过有时候银行可能会对电汇进行审查，所以保险起见，也可以提前 1 天汇款。

此外，如果买房金额额度低的话（几万美元左右），有时可以用 cashier's check 柜台支票或者银行本票。也就是你的银行签发打好金额的支票，带到过户的地方。

有些地方在交易过户的前 1 ～ 2 天，可以给你一个 final walkthrough（最后检查）的机会。买家可以在付钱交易之前最后再看去一下房子，以防房子在近期有明显的变化。

交易当天你可以在场，也可以派委托人或者律师代办。

当确认金额到托管账户以后，卖方与买方正式签署产权转让书合同，以及其他一系列的文件。恭喜你，在办完这么多手续以后，你就可以拿到房屋钥匙入住了。

完成交接以后，买家需要把过户信息报备登记给当地政府。一般也可以让产权公司和律师代办，有时候也可以自己亲自送或邮寄。登记了以后几周之内，你的信息就会在当地数据库里联网备案，有记录可以查询。一般在几周以后会收到房产证，但有些地方也不发房产证，只要网上有登记，你就算是房屋合法的主人了。

8.2 买房费用知多少，购房过程中涉及的税费

买房子的过程中，在不同的节点会需要准备不同的支出。

8.2.1 意向金、订金

如果你在看完房子以后比较满意，出了出价意向书 offer 并与卖家和其他买家商议确定之后，屋主决定把房子就卖给你了，那么恭喜你，准备好钱吧！

一般来说，当卖家同意买家的购买条件以后，双方会签署一个购买协议，这时候的房子就可以说是"在合约内"，一般不会在市场上公开展示了，除非有一些特殊条件造成毁约，否则卖家虽然离正式办理过户手续还有一段时间，也不能把房子卖给别人。

当签署购买协议的时候，买家需要支付一笔定金（earnest money），这笔定金存放在第三方托管机构（escrow account）里，在过户的时候定金会被拿出来，算在购房款或首付里面。一般在出价意向书的阶段也会提到是否支付定金，以显示买家是有诚意的。

如果买家在购买意向中列了保护性条款，比如需要满足房屋检查条件、贷款条件、房价评估条件等，而在交易途中发现一些原因导致这些条件无法满足，那么买家可以撤销购房合约，并获得退回的定金，或者可以和卖家协商降价。

而如果在交易过户之前买家无缘无故不打算买了，那么定金一般就要付给卖家作为一种补偿。

不同的国家、不同的地区房子定金的要求也不同，也和房产市场是否火爆紧俏有关：一般在美国，二手房定金一般是购房款的 1% ～ 3%，从几百到上万美金不等，如果是新房则一般有 10% 左右的定金。在加拿大，二手房一般是 3% ～ 5%，新房也有定金。在澳大利亚，一般定金是 10%，除了定金之外，有时还有意向金（Express of Interest），一般 1000 ～ 10000 澳币不等。

英国和澳大利亚类似，有时候中介在你打算出购房意向的时候会让你交 1000 英镑左右的意向金，但不是必需的，也不是特别普遍，除了意向金一般还有定金（一般是房价的 10%）。

8.2.2 房检费

如果购买的是二手房，一般建议买家请一个专业的验房师对房屋的状况进行检查，看看有没有什么结构上的问题和隐患需要大修。虽然这并不是必需的，但还是很推荐的一道步骤。

验房可以在看房子的时候，也可以在出价以后和卖家签订购房合同的一周之内，一般后者比较常见。

一般具有资质的验房师会收取当地货币的几百块左右，对房屋进行大大小小的检查，然后出具一份验房报告，图文并茂地详细列出一些问题。如果你看了报告以后觉得房子没什么问题，那么最好，如果有一些比较严重的地基问题，或者需要大修的项目，可以撤回购买合约，并且获得退款。如果有不大不小的问题，可以和卖家商议，比如要求降价，或者让卖家修好。

几百块买个放心，省下了可能要破费的几千几万块和各种麻烦，这笔钱你值得花。

8.2.3 交易过户时的相关费用

终于到了最后交易完成的那一刻了。不管是现金购房还是贷款买房，买家最后实际支付的款项，除了首付或者全款房价之外，还会有零零碎碎的税费，它们有时候也会是一笔不小的数字。

在交易过户时，如果是全款购房，需要准备全款 + 相关税费的现金；而如果是贷款，需要准备首付 + 相关税费的现金，如果之前已经交过定金的话，那么定金那部分可以扣除在需要准备的现金里。

在美国、加拿大、澳大利亚、英国买房，买家除了首付或者全额房款之外，大概会涉及哪些费用呢？我们一起来看一看：

❶ 美国

现金买房：

总体来说，现金全款购房比贷款购房所涉及的费用要少一些。在美国，现金买房在交易时除了房款以外，还需要支付下面这些费用：

（1）产权调查费（Title Search）：一般由产权公司或者律师来做，确保你购买房屋的产权清晰。这笔费用需要 100～300 美元。

（2）托管费（Escrow Fee）：一般交易购房的资金都会放到第三方托管账号中，保证交易的安全性。一般是房价的 0.2%，差不多几百到几千美元不等。

（3）汇款手续费（Transfer Fee）：如果采用电汇，有些银行需要收取30 美元左右的电汇手续费，一些大客户也可以免除手续费。

（4）见证费（Notary）：一般需要请有见证资格的人／机构，见证双方交易，这笔费用有时候可以省去，一般需要 100～200 美元。

（5）律师费（Legal／Attorney）：美国的一些州房产交易必须有律师协助交易，律师费一般需要 500～1500 美元。

（6）预先支付的房产税（Pre-paid Property Tax）：如果卖家在卖房的时候已经预先支付了一部分的房产税，那么这笔房产税就会按照买家在当年会持有房屋的天数，按照比例返还一部分给卖家。

所以，对于现金买家而言，除了最后预支房产税的这部分之外，交易过户费用一般只需要 1000～5000 美元，并不算高。

贷款买房：

相比于现金买家，贷款买家需要支付的相关手续费较高，很多都来自于贷款的银行。除了上述现金买家需要支付的交易费以外，贷款买家还需要额外支付：

（1）贷款申请费（Loan Application／Lender Origination Fee）：一般 500～1500 美元，但有些银行也可以免去。

（2）优惠点数（Points）：如果你申请了优惠点用来获得更低的利率，那么需要支付优惠点数费。一般几百到几千美元不等。

（3）房屋估价费（Appraisal）：如果贷款，银行就要请独立的房屋评估师对于房价进行评估，一般需要 500 美元。

（4）银行贷方产权保险费（Lender's Title Insurance）：用于保护银行（贷方）产权的利益，一般需要 1000 ～ 3000 美元。

（5）信用报告费（Credit Report Fee）：用于银行查看你的信用记录，一般 25 美元。

（6）邮寄费（Courier）：100 美元，用于传递文件。

（7）预付保险（Insurance）：一般用于预付第一年的房屋保险费，几百到上千美元不等。

（8）贷款保险费（Mortage Insurance）：如果首付比例太低（比如低于 20%），则银行会要求购买贷款保险。一般贷款保险费是贷款的 1% ～ 2%。平均下来需要几百到上千美元不等。

由此可见，贷款买房的手续费比起现金交易不低，除了预付地产税之外，其他的过户费加起来大概需要上万美元。

如果之前已经支付了意向金（earnest money），交易当天只要支付首付、过户费、定金那部分就可以了。此外，美国买卖房产也有地方上的转让交易税，类似于"印花税"，税率不同地区也有所不同，但在美国转让税一般由卖家支付。美国也没有针对海外买家的额外税费。

❷ 加拿大

在加拿大，现金买房这需要缴纳以下税费：

（1）律师费：1000 ～ 1500 加币左右，其中一般包括协助交易、产权调查、买卖协议等，一般还包括了价值（200 ～ 300 加币）产权保险费和大约 100 加币的政府登记费。

（2）物业转让税（property transfer tax）：一般为房价的 1% ～ 2%。加拿大的物业、土地转让税由买家支付，但首次购房者可以享受一定的土地转让税优惠。

（3）产权证书费：1000 ～ 2000 加币左右。

（4）非居民投机税（Non Resident Speculation Tax）：此外，在加拿大不管是全款还是贷款买房，如果你是外籍非永久居民买家，那么在多伦多和温哥华所在的省还需要缴纳额外的 15% 的外国人投机税，也就是说，如果购买 100 万加币的房屋，额外的海外投机税就需要 15 万加币。此举主要是为了打击外国人炒房。但如果你是国际学生，或者在当地合法工作，或者买房 4 年内成为永居或公民的准移民，这些情况下购买的是自住房，则可以申请获得退税。

贷款买房：

在加拿大如果贷款买房，那么除了全款的买房税费之外，还包括：

（1）贷款申请费（Loan Application / Lender Origination Fee）：根据银行和具体贷款方案而定。

（2）房屋估价费（Property Valuation Fee）：如果贷款，银行就要请独立的房屋评估师对于房价进行评估，一般 200 ～ 300 加币。

（3）房屋测量费（Property Survey）：1000 加币左右，用于确定房屋所属的地皮尺寸以及边界。

（4）贷款保险费：如果首付比例太低（比如低于 20%），那么银行可能会要求你购买贷款保险，一般占贷款额的 1% ～ 3%。

（5）贷款利息调整费：一般 100 ～ 1000 加币，用于调整过户期间和实际首次还款日期之间的利息差。

（6）房屋保险：一般需要预交一年的房屋保险。

可以说，在加拿大再买房的时候买家所需要支付的税费是比较高的，主要是物业转让税，即使是全款买房税费也很容易达到上万加币。而如果是海外买家，那么需要支付的成本就更高，可以达到数十万加币。

❸ 澳大利亚

对于全款购房者，过户时需要支付以下费用：

（1）印花税（Stamp Duty / Transfer of Land Duty）：澳大利亚的印花税、土地转让税由买家支付。每个州都不一样，一般在 4% ~ 5% 之间。有些地方对于首套房买家有减免政策，比如新南威尔士州，如果首次购房买家购买的房子低于 65 万澳币，则不需要支付印花税，对于 80 万澳币以内的房子，印花税也有折扣。

（2）律师费：在澳大利亚买房一般也需要请律师。一般律师费需要 1000 ~ 2000 澳币。

（3）过户登记费（Registration of Transfer）：给当地政府登记产权转移，一般需要 100 多澳币左右。

（4）外籍人士买房额外印花税（Stamp Duty Surcharge）：和加拿大类似，澳大利亚为了防止炒房也出台了针对海外买家的额外赋税。2017 年的额外印花税在墨尔本地区达到了 7%，也就是说海外人士买房一共要缴纳大约 12.5% 的印花税；在悉尼海外买家大概需要缴纳 8% 的额外印花税，就相当于海外买家一共要缴纳 11% ~ 12% 的印花税。而且这项额外税收没有首套房之类的减免优惠。

（5）外籍人士买房申请费（FIRB Fee）：在澳大利亚，外籍人士买房需要向澳大利亚海外投资署进行申请，并缴纳 5000 澳币以上的申请费以后才能购买（100 万澳币以下的房子 5000 澳币申请费，100 万 ~ 200 万的房子 10000 澳币申请费，之后每 100 万的房子需要缴纳 1 万的申请费）。或者，如果有些开发商已经预先向 FIRB 申请过的话，购房者就不需要再次申请，这类住宅预留给外国购房者也有一定的比例。

对于贷款购房者，过户时需要额外支付以下费用：

（1）政府贷款申请费（Registration of mortgage）：交给当政府，一般 100 澳币左右。

（2）银行贷款手续费（Loan establishment fee）：不同银行收取的金额不同，一般几百澳币可以谈。

（3）银行过户费（Bank Settlement Fee）：银行协助过户收取的费用，一般在 100 ～ 200 澳币之间。

（4）房屋保险：贷款者需要提前买好房屋保险。

在澳大利亚，房屋交易过程中的税费可达几万甚至几十万，其中最主要来自于印花税。而海外买家需要额外缴纳的印花税，也提高了一定的买房成本。

❹ 英国

对于全款购房者，过户时需要支付以下费用：

（1）印花税（Stamp Duty）：英国的印花税是阶梯制的，根据房价不同而不同。

房价	这部分的印花税
0～£12.5 万	0%
£12.5 万～£25 万	2%
£25 万～£92.5 万	5%
£92.5 万～£150 万	10%
£150 万以上	12%

举例：

如果你购买了一套 50 万英镑的房子，那么需要支付 1.5 万英镑的印花税（£12.5*2%＋£25*5%＝£1.5）。

如果你购买了一套 200 万英镑的房子，那么需要支付约 15.4 万英镑的印花税（£12.5*2% ＋ £67.5*5% ＋ £57.5*10%＋ £50*12% ＝ £15.375）。

对于第一次购房的买家，如果购买的首套房在 50 万英镑之内，可以豁免 30 万以下部分的印花税。

如果是购买投资房，或者非唯一住房，那么印花税在原有的税率基础上，还要征收额外 3% 的税。

（2）律师费（Solicitor / Conveyancer Fee）：一般非法律专业人士，

最好请一个律师协助完成过户交易相关的手续，需要 1000 ～ 1500 英镑。律师会调查房屋的所有权，合法性是否存在问题。

其中律师费里一般也会包括"Local Authority Searches"当地政府管理报告，会介绍房屋周边环境的调查和规划，会告诉房屋是否在保护区，周围是否有污染等。价值一两百英镑（现金买家不一定需要这个，但贷款需要提供这个报告）。

（3）土地注册费（Land Registry Fees）：每次转移业主的时候，都需要支付土地注册费，根据房价从 40 ～ 910 英镑有几档，20 万～ 50 万英镑的房子是 270 英镑，50 万～ 100 万英镑的房子是 540 英镑。

（4）电汇费（Electronic Transfer Fee）：用于支付房款的钱使用电子转账需要收费，一般收几十英镑。

而对于贷款购房者，过户时还需要额外支付以下费用：

（1）房屋估价费（Valuation Fee）：如果找了银行需要贷款，银行会请专业的估价师对房屋价值做一个评估，用来决定是否贷给你想要的贷款。一般这部分费用也由买家来支付。需要几百到上千英镑不等。

（2）贷款申请费（Mortgage Fee）：一般 1000 英镑左右。

（3）低首付贷款费（HLC）：如果首付比例太低（比如低于 20%），很多贷款公司需要你额外支付贷款公司一笔费用。

在英国，目前还没有针对外国买家的额外交易税费，购房交易费中占比最大的还是印花税，根据房价可以从几千到十几万英镑不等。

以上几个国家相比较下来，美国买家所需要支付的交易税费相对是最低的，也没有对于外国人买房进行额外的征税。而加拿大和澳大利亚的海外买家，则需要准备比较多的费用。

当然，除了这部分交易时需要支付的费用之外，搬家的时候还可能需要支付搬家费等相关费用，加上之前的几百美元房屋检查费等，都应该在买房预算里考虑到，提前把足够的钱准备好。

第 9 章

买房以后

海外置业投资
一本通

9.1 装修改建知多少

虽然海外的房子大部分都是装修好的，但有时候我们有自己的喜好，也有居住以后生活需求的变化，这时候就需要装修、翻新、改建。

9.1.1 在装修、改建、加建之前，一定要先知道这些

虽然买了房子，成为房子的主人，但不代表你就可以对房子为所欲为，在下手装修、改建、加建之前，一定要先了解这些事情。

❶ 房子是否允许改动

对于很多公寓买家而言，可以改造的地方很有限。房子的外墙，屋顶等结构都是属于公共财产，一般不允许对其进行改动和装修。而联排别墅因为和邻居有共用的墙，也不方便进行外部结构性的改动。

公寓和联排别墅社区都有业主委员会，业委会章程里也对房屋是否可以改建，改建是否需要报批业委会并且获得同意有明确的规定。一般在买房的时候卖家都会提供小区业委会章程，可以了解一下，在改建前查阅章程或者咨询一下业委会，以免到时候造成不必要的麻烦。

一般能进行大部分外部翻新、改造、加建、重建的大都是独立屋。当然，不管是独立屋、联排别墅，还是公寓，大部分房子房屋内部都可以根据自己的喜好装修和改动。

❷ 改动需不需要向当地政府申请

对房屋的结构进行改动，或者事关居住使用人身安全的改建和翻新，还

有主要的扩建等都需要向当地政府的住建部门进行报批申请，获得许可以后方能开工，否则就属于"违章建筑"。

违章建筑如果被发现或被邻居举报的话，轻则罚款并要求重新向政府进行申请获得许可，严重的话可能会被推倒拆掉并被有关部门起诉。

如果运气好没有被发现，但私自加了卧室、卫生间，而政府又没有记录在案的话，将来出售官方信息上只会显示扩建之前的房间数，比如改建后的 4 房 3 卫还是只能报 2 房 1 卫，那么买家和挂牌网站就会对房屋价值进行低估，也会对买家的贷款造成困难。

那么，哪些改动需要获得当地住建部的许可，哪些不需要呢？

需要许可申请：

涉及房屋结构和人身安全的一些大型项目，一般都需要获得当地部门的许可。

（1）结构墙：比如对于承重墙的改动，或者在墙上新开门窗，拓宽门窗。

（2）电路：铺设新加的电路，电路扩容。

（3）暖气、中央空调：新加暖气、热水器和中央空调。

（4）管道：自来水管道、下水管道等。

（5）屋顶：对房屋屋顶的改动，或者用和原材料不同的材料重新铺设屋顶。

（6）房型：对于房屋进行拓宽、加建、改变外形。

（7）围栏：安装超过一定高度的围栏。

（8）阳台、露台：加建超过一定高度的阳台和露台。

（9）车库：新建车库、车棚。

（10）地下室：如果对地下室进行装修，铺设水管和电路

如果申请许可，一般需要有证、有资质（licensed）的包工头，相关技工或者装修公司去申请，如果是自住房，有时候也可以自己去住建部申请许可。获得许可开工完成后，当地住建部会有专人来验收并记录在档案里。如

果是新加房间或者是做了内部的结构改动，比如多加了一层楼之类的，住建部门验收以后通过以后会发证，并且更新在房屋档案里。

一般来说，一个改动过的房子只有通过了验收，获得了许可证才能入住。如果你是Flip（翻新改建然后转卖）房子的投资客，也应该得到居住许可证（Certificate of Occupancy）以后才能出售。当然，申请许可和验收获得居住证是要收费的，不过这也是为了住客的安全着想。

不需要申请：

以美观装饰性为主的项目一般不需要申请许可证，比如下面这些：

（1）地板的铺设。

（2）房间里上漆。

（3）厨房换橱柜、家电等。

（4）浴室翻新。

（5）外墙涂刷、装饰。

（6）花园里新建工作室、储藏室（不含管道电路）。

（7）较低的隔离栏、围墙。

（8）普通园艺。

（9）花园户外patio。

此外，不同的城市有时候也会有一些要求上的不同，比如有些地方砍树也需要申请，有些地方却比较宽松，如果不确定的话，也可以找当地的住建部门或者装修工人了解一下。

当然，在实际生活中，我也见到过很多人有"违章建筑"，比如偷偷加了一个卫生间，或者找了有证的电工改动电路，但没有向当地政府申请和获得批准等。有些是因为不知道要申请，有些是因为申请获批需要时间精力和许可费，所以不想浪费钱。很多时候，如果不是太明显的改动住建部门也很难发现监管，或者有时候住建部门太忙，很多精力都花在大型的商业项目上，对你小型住家项目的犯规也没有时间来罚款或者要求整改，所以有些人可能就混过去了。我以前买过一个房子，卖家做了翻新房，但没有获得居住证，所以只能现金交易，我当时也不懂，时间比较急就买了，最后也花了很多时间和额外的钱去做居住证和验收，其间也不好入住。

所以，就算有时候相关部门可能管得不是太严格，如果你有大型、明显结构上的改动加建，并且将来打算出售，还是应该走规范路线。

9.1.2　自住 VS 投资，改建装修大不同

根据买房的目的，大概有自住房和投资房两种，而不同的目的，也对你的装修改建项目有着比较关键的影响。

自住就是自己要在房子里居住一段时间，少则几年，多则几十年，自住的话，以追求舒适为主，适应自己和家庭居住的需求和审美，也更注重材料的选择和品质。

而投资房，一般会用来出租给租客收租，或者坐等升值以后出售，或者翻新改造后出售等，除了长租投资房外，一般投资客的持有房屋时间都不会太长。因为不是自住，所用材料也不需要太过讲究，追求性价比，利润最大化。

投资房的装修，一般以简洁大众功能性为主，符合大众的审美，而不是完全顺着自己的喜好，比如，你喜欢红色的墙或者花纹图案的墙纸，如果自己住完全没有问题，但如果要出售、出租，太过个性化的颜色和设计就会减少潜在的买家和租客，甚至需要降价才能顺利出售、出租。

❶ 自住者——哪些项目能提高自己的居住体验

自主的话追求舒适、健康、方便、节能。下面这些是欧美比较受家庭自住者们欢迎的一些家装项目，可以参考。

（1）中央空调：中央空调比起分体式空调占用房间里更少的空间，让房间更加美观。

（2）独立洗衣房：因为洗衣机烘干机有噪声，所以有一个独立的洗衣房、

洗衣空间就不会影响其他的空间，还可以在洗衣房里熨烫衣物。如果房子没有洗衣房，可以考虑利用楼梯下方，地下室或者车库的多余空间。

（3）节能窗户、电器：节能窗户和电器在短期内可能作用不是那么明显，但如果打算长期居住在一些气候变化比较明显的地区，性能高的窗户和电器省下的电费和暖气费还是值得的，并且更加环保。有时候节能电器和装修还可以获得能源公司的补贴。

（4）户外庭院：在庭院里开辟一块小地，铺上石头、砖或者简单的水泥，上面放一个圆桌，两把椅子，或者一套户外沙发，就可以在院子里喝喝茶、看看风景、吹吹风，想必是极好的。

（5）实木地板：实木地板易打理、易清洁、更耐用也更自然。当然也有不少人喜欢地毯，脚感更加柔软舒适。

（6）车库储物空间：对于小户型的房子，如果没有足够的储物空间，可以在车库里开辟储藏区域，可以让家更干净。

（7）步入式衣帽间：如果卧室有一定的空间，可以设有一个步入式的衣帽间。步入式衣帽间不仅比普通衣柜能提供更多的空间，让衣物安置更整齐，更加舒适，也更有隐私性。

（8）厨房装修：对于喜欢做菜，或者喜欢请亲友来家小聚的主人，厨房不仅起了功能性的作用，也有很大的门面作用，提供了一个重要的社交空间。目前的趋势比较倾向于（半）开放式的设计，并在中央设置料理台和吧台。

（9）浴室装修：干湿分离的主卫增加了隐私性，也提升了舒适度。步入式淋浴房和浴缸的设计，让人忙碌了一天以后可以找到度假的感觉。

（10）地下室装修：地下室一般不计算在购买面积中，但却实实在在的提供了不少可以使用的空间。地下室装修一下，就可以变身为影音室、娱乐室、健身房、工作室等，也可以作为多余的客房。

❷ 投资者——什么值得花

对于投资者，如果买了一个年代较老或者装修较为过时的投资或出租房，可以低价买入，然后有选择性地翻新改造一下，让房子焕然一新。但装修改建很多时候都是非常费钱的事情，动不动就是十万以上的投入。如果是资金充裕当然随意，但对于那些预算有限，有希望让投入收益最大，如果将来要卖掉好价格的改造家而言，哪些家装投入是最值得的呢？

如果是以投入的成本以及给房屋价格的提升而言，算一个投资回报率（ROI），我们来看看不同改造装修项目的回报率，这里我们定义一下回报率：

回报率 = 项目对房屋价格的提升 / 项目的成本投入（包括材料费和人工费）

接下来我们来看看最赚钱，性价比最高的那些项目。

（1）屋顶层加厚隔热（attic insulation）：屋顶层加厚隔热，可以让房屋的保温隔音效果更好，也更加节能，减少了平时空调费、取暖费的支出。用的是光纤玻璃。

（2）新的或翻新的大门（entry door replacement）：都说第一印象很重要，对于一个家而言，入室大门的门面就是第一印象中的重要一环。一个美观、质量好的大门会给自己、宾客和将来的卖家留下鲜明的好印象。支出一般是换一扇新的铁门的预算，而如果大门本身质量不错，那么翻新一下，刷一个色彩明亮的漆，也能给人耳目一新的感觉，成本更低，回报更高。

（3）石材外立面贴面（stone veneer）：和入室大门一样，房屋的外立面也是第一印象的关键。石材的贴面让房屋的格调瞬间得到提升。

（4）厨房翻新（minor kitchen remodel）：厨房在西方文化中占有很高的地位。厨房翻新和改造一般包括新的或翻新的橱柜、料理台、中岛、配置或更新大型家电（灶台、烤箱、冰箱、油烟机、微波炉、洗碗机）等。当然，厨房翻新的价格随着用材和品牌也会有很大差别，从几千到数十万不等。相对而言小型的翻新比大型的改造投入低，回报率更高。

值得注意的是，厨房翻新的回报率也会因为房屋所在的社区和房屋层次有关。越是高级的社区和豪宅，高级的厨房改造的回报率就相对越高，而中级或者比较入门级的社区和老、破、小的房子，厨房改造的回报率就比较低，只要最基本的翻新就可以了。这和大家能负担的房屋总价和社区的均价有很大的关系。

（5）车库门更新（garage door replacement）：对于郊区有车库的大房子，车库门自然也是一个比较重要的"面子"工程。车库门不仅仅是美观，也是功能性的装备。

一般而言，投入少，但效果比较明显，实用的项目回报率比较大，所以控制好支出，把钱花的"巧"，是投资回报率高的关键，比如上面提到的这些项目，还有房屋刷新油漆、翻新地板、更新地毯等，都是投入小但对买家印象影响大的项目。除了豪宅以外，高端的装修和翻新，或者不太常用的设计，投资回报率比较低，比如普通的室外泳池、备用供电系统、户外烤炉、影音室等，这些都不是特别的必要。

而改建翻新项目的回报率也和所在的房屋市场有关。在比较热门、房价比较高的一线城市，卖方市场里，房子的翻新升级对房价提升的效果很大，回报率很高。而在房市比较冷的买方市场里，房子翻新升级的回报率比较低，因为买家有更大的议价权，改造很可能收不回本，所以不建议投很多钱来对房子升级改造。

此外，有时候有些颜色也可以让房子卖得更好，美国的 Zillow 曾经做过一个分析，下面这些颜色可以让房子卖出更高的价格：

深灰色或者深蓝色的大门。

浅灰色、米色的外墙。

中性颜色的内墙，比如奶油色，浅灰色等。

浅蓝色的厨房、餐厅和卫生间等。

而偏深色，偏红色的房间，不容易卖出高价。

所以如果你打算装修以后出售，可以考虑这些颜色的选择。当然，如果自住的话，不用考虑太多，自己喜欢就好。

9.1.3　DIY 还是请人来做（不同项目 DIY 难度与价格对比）

和国内不同的是，欧美国家人工费非常昂贵，一些地方到了装修旺季，装修工建筑工更是供不应求，要提前几周甚至 1 ～ 2 个月预约。因此，欧美的 DIY（Do-It-Yourself）自助市场也相当庞大，很多人都选择自己动手美化家园。

对于普通人而言，如何在专业人员和自己动手 DIY 中选择呢？

总体而言，选择自己动手 DIY 或者请专业人员，是在能力、花费、时间、效果上的综合考虑。

一般来说，特别是一些比较专业性，涉及人身安全或者结构性的大型改动和一些需要专业工具的项目，比如加建房间、电路、地基、空调暖气、铺设实木地板、更换窗户等，应当请专业人士。

而一些美观性装饰性相对简单的项目，可以考虑自己动手，比如刷墙、简单的瓷砖地砖铺设、更换房间的门、更换马桶等。

打算自己动手前，也可以看看自己有没有相关的准备，包括：

（1）了解项目的基本步骤

（2）了解项目需要的时间、精力和能力，对于新手而言，项目实际操作所花费的时间一般比预计中的高 2 ～ 3 倍。

（3）是否需要帮手，帮手是否有时间。

（4）准备项目所需要的工具材料。

（5）项目的支出，可以分别计算材料费和自己的人工费（时间成本）。

（6）项目如果搞砸了的备选方案。

有所准备的话，就能更有信心的地开始和完成 DIY 项目。然后材料一般可以去 Home Depot 或者 Lowe's，那边的人也会给你一些简单的建议指导。

有些网站会给出不同装修项目 DIY 和请专人施工的对比，时间和成本都有，很好用。

https://www.diyornot.com/Default.aspx

比如这个是自己刷房间和请人刷房间所需要的时间和支出对比，其他项目也有类似的。

▸Home ▸Project Cost ▸Painting/Finishing

Cost to Paint a Room

You can save 88 percent by painting a room yourself compared with hiring a contractor. Paint a 15-by-20-foot room for $205 compared with the contractor charge of $1,842. To customize the cost enter your ZIP Code and adjust the cost for where you live.

National Average Improvement and Repair Cost

⏱ Hours	Pro 27.7	Diy 34.0	$ Money	Pro $1842	Diy $205	Click to Adjust Cost to Your ZIP Code.

9.1.4 如何组建一支王牌装修队

在欧美，如果决定请专业人士来做改建、加建、装修等项目，一般需要和下面这些人打交道：

（1）包工头（General Contractor / GC）：包工头就像一个项目、产品经理。如果你有比较多的装修项目，或者比较大的改建项目，委托包工头是一个很不错的选择，包工头自带手下的各类专业工人，并且可以帮你去获得建筑许可证、管理进度、提供预算等一条龙服务。给你省下了很多时间和精力，不用到处找人，也不用自己协调安排不同的工程。包工头的利润一般是项目总报价的 10% 左右，一个好的包工头也值这些钱。

如果一些比较小的项目，也不一定要找包工头，可以自己根据需要找到合适的专业人才：

（2）建筑师（Architect）：如果要对房屋进行比较大的结构改动，那么就需要建筑师画出图纸，并递交当地的住建部获得许可备案。当然，很多包工头也会和一些建筑师有合作。

（3）室内设计师（Interior Designer）：一般装饰性的室内设计不需要审批，很多家具公司也有提供免费室内设计或者指导的服务。

（4）杂物工（Handyman）：一般做一些修修补补的小型工程，比如给楼梯加扶手、安装淋浴房、橱柜翻新、铺设瓷砖、内外墙油漆涂刷、木地板铺设、木工、屋顶修补等工作。

（5）管道工（Plumber）：比如水管漏了或者需要更换管道，就需要管道工。如果是加建浴室，需要新的排水排污管道，也需要持证的管道工来做。

（6）电工（Electrician）：改装电路、电闸、增加插电口这些项目，应该找持证的专业电工。

（7）空调暖气工（HVAC）：如果要装暖气、中央空调、热水器等大型冷暖设备，就找专业的空调暖气工。

当然，还有油漆工（Painter）、地板工（Flooring Specialist）等。

就像唐僧要找到孙悟空、猪八戒、沙和尚、白龙马这样一支团队才能去西天取经一样，找到靠谱的队友、合作伙伴是必需的。而装修改建项目一般都是不小的支出，也关乎生活质量，所以一定要在控制成本的情况下找到最合适的专业人才。

如果周围亲友有过类似的装修经历，可以向他们咨询，看看有没有推荐的人。

如果没有也没关系，互联网的普及，提供了很多可以找相关人才的平台，而一些评价评分体系，也为大家提供了更多的透明度和便利。可以在 Houzz、Thumbtack 甚至 Amazon Home Services 上发布任务，或者浏览服务找到所需要的帮手，并且查看他们的资质、评分和评价。

装修资源：

Houzz——www.houzz.com

Houzz 上不仅有很多装修图片提供灵感，上面也有很多装修公司和室内室外设计师发布的作品，可以在上面找到当地合适的公司，也可以查看他们的评价。

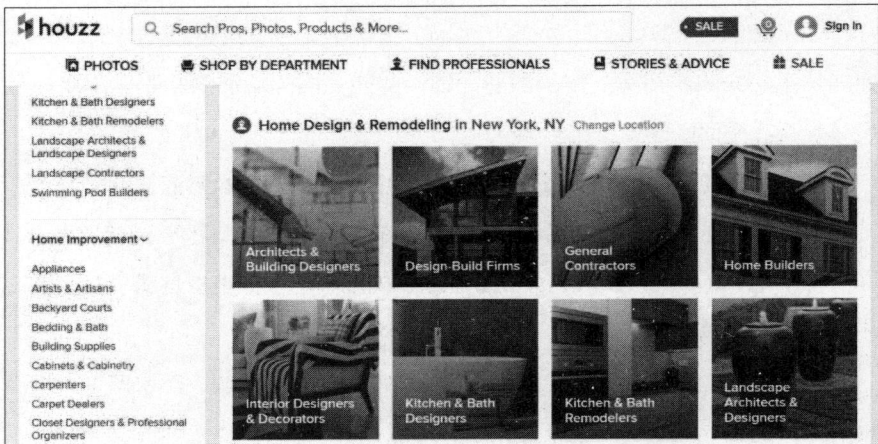

2,274 New York, NY Design-Build Firms

When building a new house, people often turn to architects to kick off the project. However, a different model is becoming quite popular: design-build. Instead of dividing tasks between separate architecture and construction companies, you can hire a full-service New York design-and-build company to complete your entire project, from initial sketches through final construction. Learn more about how to choose the right design-build pros in New York, NY for your home project below: More ∨

Design-Build Firms	♀ 10001	Within 50 miles ▾	Search

Best Match ▾	View Oak Park, MI professionals ﹥

Paula McDonald Design Build & Interiors

★★★★★ 26 Reviews

Our one stop shop approach to Renovations in Manhattan: a full service design, build and interiors firm with a... Read More ﹥

Contact

Thumbtack——www.thumbtack.com

可以在 Thumbtack 上面发布任务，然后会有相应的公司给你报价和你联系，你可以查看他们的评分并和他们在平台上聊，也可以直接在上面和公司、人员预约时间。

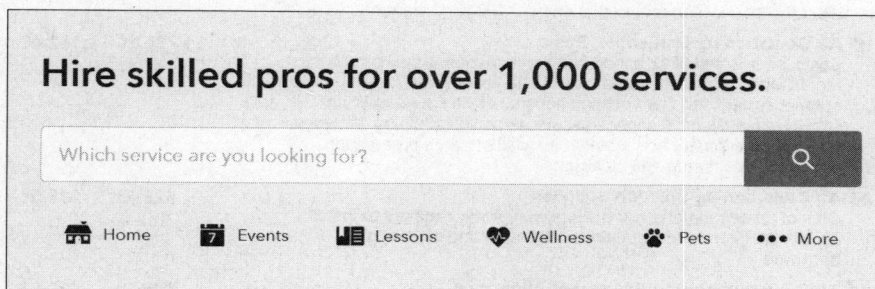

此外，亚马逊、家居建材连锁店（美国的 Home Depot、Lowe's，加拿大的 Rona，澳大利亚的 Bunnings，英国的 B&Q）也都会提供或者帮你联系相关服务。

应该选择持证并且购买工作保险的工人，这样更加专业，而且如果他们有工伤你也不需要"大出血"。

有时候同一个项目，不同的公司和装修工也会给出差别不小的报价，所以可以在咨询的时候获得至少 2～3 个报价，了解报价所列明包含的人工和材料，并参考评价进行比较筛选。我曾经有一次就需要给户外露台加一个扶手，最后找了不同的公司报价，价格可以差 2～3 倍，而从室内刷漆到安装电路这些项目，不同公司、个人的报价也常常有几百美元的差别。

一些网站也给出了不同装修项目的估价，它分得很细，从材料费和人工费都会列出来，而且可以根据自己的参数（比如安装面积和邮编）输入进行估值，也可以对报价和装修预算作为一个很好的参考。

www.homewyse.com

Cost to Install Air Conditioning
Updated: August 2017

Air Conditioning Installation Calculator	Zip Code	Units			
	10001	1			Update
Item details			Qty	Low	High
☑ **Air Conditioning Unit Cost** Non-discounted retail pricing for: 3 Ton 18 SEER heat pump condenser. For existing air handling system. Requires 240V 25A electrical connection required at unit. 10 yr limited warranty.			1 unit	$2,688.08	$3,136.95
☑ **Air Conditioning Unit Labor, Basic** Basic labor to install air conditioning with favorable site conditions. Mount indoor air handler and cut ducting hole in wall. Install outdoor condenser. Connect and conceal electrical (to existing circuit) connections. Connect, secure and conceal piping. Includes planning, equipment and material acquisition, area preparation and protection, setup and cleanup.			14.1 hrs	$1,775.80	$2,152.49
☑ **Air Conditioning Unit Job Supplies** Cost of related materials and supplies typically required to install air conditioning including: fittings, fasteners and mounting hardware.			1 unit	$29.46	$33.51
☑ **Air Conditioning Unit Equipment Allowance** Job related costs of specialty equipment used for job quality and efficiency, including: Pipe cutting and threading, tubing cutter, brazing kit and pipe wrenches. Daily rental. Consumables extra.			1 job	$25.74	$52.27
☐ **Option: Remove HVAC Unit** Disconnect power, connections and fittings. Disconnect mounting hardware and remove unit from premises. For units up to 200 LBS.			1.1 hrs	$139.28	$168.82
☐ **Air Conditioning Unit Debris Disposal** Costs to load and haul away old materials, installation waste and associated debris.			1 unit	$12.67	$14.41
Totals - Cost To Install Air Conditioning			1 unit	$4,519.08	$5,375.22
Average Cost per Unit				$4,519.08	$5,375.22

9.2 买房以后的日常支出

买完房以后，还需要"养"房。买房装修以后，平时也会有大大小小的支出，大概有下面几大类。

9.2.1　房产税（Property Tax）

美国、加拿大、澳大利亚和英国都是有房产税的，一般是 1 年交 1 ～ 2 次。

房产税 = 房屋评估价值 × 税率

房产税根据当地政府对于一套房屋（包括地皮 + 建筑）评估的价值，乘以一定的税率来定。房产税的税率也会随着地区，甚至学区的差别而不同，是当地政府经济来源的一个重要组成部分，用于支付市政工程，以及公立学校建设等。税率也不是恒定的，如果当地政府财产出现赤字，那么房产税税率可能会增加，当政府收入充裕的时候，房产税税率也可能减少。

❶ 美国

在美国，房产税每个城市都有所不同，房产税税率一般在 1% ～ 2% 之间。比较低的是夏威夷州、科罗拉多州、田纳西州，在 0.3% ～ 0.5% 之间，而新泽西州、伊利诺伊州、得克萨斯州的税率一般较高，超过了 2%。这样一来，一套 100 万美元的房子，每年就需要缴纳上万美元的房产税。此外，不少地区对于自住房和投资房需要交的税也有一定的区别，自住房有一定的优惠。

❷ 加拿大

在加拿大，房产税是 0.3% ～ 1% 之间。不同的城市的房产税也有所不同，比如温哥华的房产税不到 0.3%，多伦多的大概只有 0.7%，蒙特利尔在 1% 左右。房产税税率每年也会有波动，近几年加拿大总体来说房产税率在下降。

不过，加拿大的一些城市为了防止太多的海外买家投资，影响本国人的居住生活，出台了"空置税"，一般以 1 年空置 6 个月以上为标准。比如温哥华 2017 年通过了空置税，空置税率大概是房屋评估价的 1%。多伦多也在考虑中。

❸ 澳大利亚

在澳大利亚，主要的地产税针对的是土地的部分，也称为土地税（land

tax），自住房的土地则不需要缴纳土地税。而对于其他投资性土地则可能征土地税，税率从 0% ～ 2% 不等，每个州不同，每年也都会有所调整。

对于非自住房，每个州会对于业主名下在所有在这个州应税土地（taxable land）的总价值进行计算，在达到一定金额以上（起征点）的时候开征。不同州的土地价值起征点也有所不同，且每年也会调整。比如悉尼所在的新南威尔士州，2018 年对于土地价值 63 万以上澳币的房地产才开始征收 1.6% 的土地税。而墨尔本所在的维多利亚州，土地税的起征点则是 25 万澳币，税率从 0.2% ～ 2.3% 不等。

不过，对于非公民或者永久居民的海外买家而言，从 2018 年开始，现有和新的海外买家对于非自住房每年还需要额外支付土地附加税（land tax surcharge）。在悉尼所在的新南威尔士州大概是 2%，并且没有起征点（任何应税的土地都要收附加税）；而对于维多利亚州，起征点是和土地税一样，也是 25 万澳币，税率从 1.7% ～ 3.8% 不等。

此外，澳大利亚为了控制炒房，开设了"房产空置税"（annual vacancy charge）。如果海外买家购买的房子一年里有 6 个月或 6 个月以上的空置期，那么那一年就还要额外缴纳空置税。

❹ 英国

房产税在英国也叫作市政税（Council Tax），用于支持市政公共建设。市政税不算高，而且上有封顶，一般在每年 1000 ～ 2000 英镑，最多也不会超过 3000 英镑。市政税还有一些减免的政策，比如你平时主要住在国内，如果英国的房子空置，还可以申请减免税。而如果你把房子出租，除非特别协商，一般是由租客来缴纳市政税的。不过英国的一些地方也对二套房、空置房的市政税税额有所提高。

9.2.2 物业管理费

物业管理费我们在之前"房屋类型"里也提到过。一般而言，公寓房和联排别墅小区大都会有物业管理费，部分新建的大中型独立屋社区也会有物业管理费。

每个小区的物业费都不同，由小区的业主委员会共同制定，一般公寓房和大型联排别墅小区的物业管理费以月计算，从几百到上千（美元、加币、澳币、英镑）不等，比起国内要高出不少。

物业管理费里包含的内容也不一样，最基本的物业管理费包括了：公共绿化和设施维护、公共区域保洁、（公寓）楼宇结构屋顶维护维修之类的，一些物业管理费里还包括暖气、水费、垃圾费等，此外有些高档小区会提供会所，保安甚至管家服务。当然越高级的小区物业费也就越贵。物业管理费所包含的内容都会在小区住户的规则手册里明确列出来。

这些物业管理费不是一成不变的，会随着小区业委会的财政情况和需求调整，如果遇到特殊情况，比如一个小区的屋顶外墙需要大修或者需要换管道，那么一般业委会还会要求业主支付额外的物业费（special assessment）。在同一个小区内，房子面积越大，相对的物业费也越高。

大部分独立屋都没有小区业委会，也不需要缴纳物业管理费。但在一些大型的小区和新建的小区里也设有业委会，会收取一些物业管理费用于活动经费，打扫公共街道等，一般每年几百元，平摊到每月就只有几十块，比起公寓和小区要低得多。

和国内的情况不一样的是，这里的业委会对小区物业费的征收比较严格。如果遇到屋主不交物业费的情况，业委会会对他们处以罚款，严重的甚至可以将屋主告上法庭把房子拍卖。

9.2.3　房屋保险（Insurance）

房屋保险也属于日常开销，大部分房子屋主都会购买房屋保险，如果是贷款的话就必须要买保险。

一般房屋保险的保费和房屋的价值有关，还有保险所覆盖的内容，自己需要支付的额度等相关，从一年几百到几千都有。而在特殊的地震带、洪水区等地方，可能需要购买额外的保险。

房屋保险可以选择一年 1 次性付款，也可以选择每月分期。

9.2.4　水电煤网（utilities）

水费、电费、煤（暖气）费、网费、垃圾费等也是生活必需的开销。这些一般是每月结算。

在买好房子入住前，应该向当地的电力公司，暖气公司以及通信 / 网络公司开通新的账号。有些小区的物业管理费里包含水费和暖气费，那么就不需要重新支付这些费用。而有的地方当地的房产税里已经包含了垃圾费，那么也不需要为这部分操心。

一般水电热和房屋的大小有关，住家成员人数，还有当地的气候都有关系。一年平均下来每个月在水、电、网、热各方面的费用一共需要200 ～ 400 美元。

9.2.5　其他

此外，如果住的是有一定年份的二手房，每年可能需要保留有一定的预算用于房屋以及家电的维修更新等，新房子的话一般就不需要。如果是独立屋还需要考虑维护草坪花园，以及冬天铲雪方面的人工费。

9.3 如何让房子成为你的小金库？谈谈重新贷款（Refinance / Remortage）

在欧美，房子不仅仅是可以居住或者用来升值出租的投资方式，还可以成为一个 ATM 提款机和小金库。

　　重新贷款（refinance / remortgage）是海外一种比较常见常见的做法，美国、加拿大、澳大利亚和英国都可以这样做。如果你当时买房贷款的利率较高，而后来利率下降了，那么你可以考虑重新贷款，支付一点手续费，把高利率替换为低利率，这样减少每月的还贷利息。

　　举一个简单的例子：比如原来贷款的利率是 6%，每月需要还 6000 的利息，那么如果重新贷款以后可以达到 4%，那么每月就只需要还 4000 的利息，减轻了不少的贷款压力。

　　此外，如果房产升值了，也可以考虑 refinance，利用高房价套现增值部分，从中提出多余的现金，这也叫作 "cash out refinance"（重新贷款提现）。这边有些人比如孩子上学了，或者需要一些钱用于下一套房子的首付，需要一笔现金，那么就可以选择重新贷款提现。

　　举一个简单的例子：比如你原来买房的时候房子值 100 万，贷款 70% 也就是 70 万，现在还剩 50 万贷款未还，而现在房价涨到了 200 万，那么你可以重新贷款，贷到 200 万的 70%，也就是可以贷 140 万。减去你原来还剩的 50 万贷款，那你大概可以一次性获得 90 万的现金。用于孩子上学、买大件物品等。虽然新的贷款增加了，但新的房贷可以分期慢慢还。

　　不过做重新贷款也不是适合每个人。重新贷款需要手续费，而且重新贷款以后房子需要支付利息的比例也变多了，对于房贷还所剩无几，或者不打算住很久的业主未必划得来。

　　重新贷款最适合的情况：利率降低 2% 以上，刚买房还贷不久有打算常住的人。或者如果需要一笔资金，而房价升值了，可以靠此提现一笔钱的人。

第 10 章

成为房东"地主"之后

海外置业投资
一本通

10.1 手把手教你出租房屋做房东

投资、购买出租房是很多人欢迎的一种投资理财方式。

租金每月都会产生相对稳健的现金流收益，根据不同地区和不同类别的房子，一般可以达到 5% ~ 15% 的年租金回报率，比银行储蓄要高出不少，也超过了很多股票和基金的分红，而房屋本身随着地段和物价的上升也会有升值。

它也不像股票那样起起伏伏，波动比较小，可以稳定上升，也不需要像炒股、炒币那样一直盯盘，或者像上班那样每天打卡，成为房东以后生活会有更大的自由度，不需要在度假的时候查看手机接收邮件或者担心大盘，也不需要在办公室与同事与老板斗智斗勇或者担心迟到、早退。

但房东就像创业者和自己的老板一样，虽然有比较高的自由度，但也不是什么都不需要管，更何况是在海外呢？

一般来说，在海外做房东，可以分为自行管理和委托管理两种。

10.1.1 自行管理

如果你住在出租房屋所在地或者附近的城市，有时间、精力和一定的沟通以及动手能力，那么可以自己当房东自行管理。

一般从招租、入住到退租的流程包括：

了解自己的房子是否可以出租→发广告寻找租客→与有意向的租客沟通看房→对租客进行背景调查→与租客签约并收取押金→收租→日常、突发事件维护→ 到期续租或者搬出→查房退还订金。

　　首先我们前面提到，有些房子是只能自住，不可以出租的，所以如果想出租一个房子之前，务必搞清楚这个房子是否可以允许被出租。

　　很多海外的论坛、网站、微信群都可以发文、发帖寻找租客，不少房产综合网站，也允许个人发布租房信息。一般简单写明大致地点区位、房间房子情况、租金价格、是否包含水电费、希望的招租对象以及联系方式。

　　此外，也可以委托中介帮忙寻找租客，一般中介会收取一个月月租的佣金作为市场推广费。他们会帮你发布租房信息，并且带不同的意向租客来看房，对于平时比较忙碌的房东而言也是比较方便的选择。

　　在美国、加拿大、澳大利亚和英国这些国家，其信用系统一般比较健全，所以如果有租客有租房的意愿，那么可以询问他们并索要信用记录、信用报告以及目前工作的收入证明，对潜在租客进行审核，如果对方的信用记录良好且有稳定的足以支付房租的收入，才可以考虑签约。

　　签租房协议的时候可以请律师，也可以从网上下载现成的租房协议模板来起草租房协议，很多网站也提供根据不同客户需求可以个性化改动的租房协议以供下载。当自己和租客双方都签署以后存档备案。

　　然后就是交接入住，一般来说，在海外租房收取每月房租或者每月房租1.5 倍的押金（Security Deposit）是很常见的，这样如果租客到期搬出后没有把房间打扫干净，或者对房间里的电器物品有一定的损毁，可以从押金里扣除。如果房租不包括水、电、煤、网，还要在交接的时候把这些相关账号转移到租客名下。

　　然后就可以开始每月收租了，如果租客交租太迟或者赖着不交租，就需要走法律程序启动租客驱逐（Tenant Eviction），并且可以请专门的公司来负责租客驱逐。

　　如果租客入住期间发现房子里有需要维修的东西，或者需要修剪草坪，那他们或许会和你联系，你们可以在商讨之后决定应该由谁负责、出钱，并且自己或者请相应的管理公司进行维修保养。如果是公寓的话，那么一般公共区域或者结构上的维修还有绿化之类的都是小区物业承包，可以省去一定的麻烦。

当租客签约到期，如果不续租需要搬出的话，房东可以在租客搬走以后检查房屋状况，以决定是否需要扣除一部分的押金，再把剩余的押金退还给租客。

工 具 箱

一些寻找租客的网站 / 论坛，供参考：

Zillow.com（美国）

Craigslist.org（美国、加拿大、澳大利亚、英国）

Zumper.com（美国、加拿大）

Padmapper.com（加拿大）

Thehouseshop.com（英国）

OpenRent.com（英国）

Gumtree.com（英国、加拿大、澳大利亚）

海外华人论坛（一般有地区的版面和找租客的版面）：

58.com

Mitbbs.com

在线租客协议网站：

lawdepot.com（美国、加拿大、英国）

www.rta.qld.gov.au/Forms-and-publications/Forms/Forms-for-general-tenancies/General-tenancy-agreement-Form-18（澳大利亚）

附：一份简单的出租协议以及说明

10.1.2　委托管理

如果怕麻烦或者人不在国外、不在出租房的城市，那么可以找物业管理公司委托管理。虽然自己的收益少了，但也省去不少麻烦。

很多物业管理公司都提供一条龙服务，包括前面提到的找租客、带看房、检查租客背景、收租、租客驱逐、物业维护等都可以代办。

一般委托管理的公司会收取固定的费用（1000 美元左右）或者一个月租金，用于寻找租客，然后租客入住了以后每月收取 10% ～ 15% 的房租进行管理，并且把租金打到你的指定账号中，每年也会给你提供一张报税单。

平时如果有需要维修的地方，物业管理公司也会联系你，如果是需要你出维修费用的话，他们会在得到你的许可以后派人维修。

如果选择委托管理的话，一定要找一个靠谱的委托管理公司，可以先查看一下他们的评价，或者要求能不能提供可以联系的老客户询问满意度。

在签署协议的时候，要弄清楚服务里面包含的内容、收费情况、合同期限、责任分配等，仔细阅读，弄清楚了以后再签。

不管在哪个国家，出租收取租金都是需要报税的，一般租金收入的税率和正常收入税率一样。当然，很多房屋的折旧或者维修费用之类的，在报税的时候可以从收入里面扣除。如果委托物业管理公司，那么它们会给你一个年度收支表便于报税，如果是自己当房东，需要自行报税。

10.2 卖房的学问与艺术

既然前面我们很多篇幅是用来说买房的，那么我们在这里就简单地聊聊"卖房"吧！

一般对于海外卖家而言，卖房的流程是这样的：

选择中介经纪人（或者自己卖）→介绍房屋的基本情况，制定一个出售价格→整理/准备/美化房屋以供参观和拍摄→刊登广告寻找买家→自己或者中介接待买家、举办公开参观日→阅读、比较买家的提案 offer →选择满意的买家，同意或者拒绝买家的提案，或者讨价还价→和一位买家签署购买协议，收取定金（一般由第三方保管）→配合买家提出的验房估价产权调查等要求→如果买家在这些手续过后，过户前尚有异议，可以商讨，准备搬家→正式签署产权转让书和合同，完成过户交易。

```
┌────────────────────┐    ┌────────────────────┐    ┌────────────────────┐    ┌────────────────────┐
│ 选择中介经纪人（或 │ →  │ 列出房屋基本状况，│ →  │ 整理/美化房屋以供 │ →  │ 刊登广告           │
│ 者自己卖）         │    │ 制定最初售价       │    │ 参观和拍摄         │    │ 寻找买家           │
└────────────────────┘    └────────────────────┘    └────────────────────┘    └────────────────────┘
                                                                                         ↓
┌────────────────────┐    ┌────────────────────┐    ┌────────────────────┐    ┌────────────────────┐
│ 配合买家提出的验房 │ ←  │ 和一位买家签署购买 │ ←  │ 选择满意的买家，   │ ←  │ 阅读/比较买家的提 │
│ 估价产权调查等要求 │    │ 协议，收取定金（一 │    │ 同意或者拒绝买家的 │    │ 案offer            │
│                    │    │ 般由第三方保管）   │    │ 提案或者讨价还价   │    │                    │
└────────────────────┘    └────────────────────┘    └────────────────────┘    └────────────────────┘
         ↓
┌────────────────────┐    ┌────────────────────┐
│ 如果买家在这些手续 │ →  │ 正式签署产权转让书 │
│ 中，过户前尚有异议 │    │ 和合同，完成过户交 │
│ 可以商讨           │    │ 易                 │
└────────────────────┘    └────────────────────┘
```

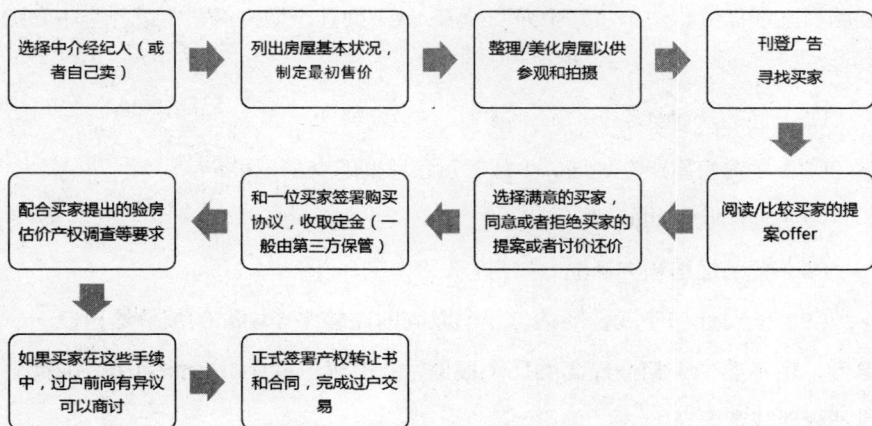

在这其中有几个比较重要的节点，我们一起来看看。选中介还是靠自己？如果打算买房的话，可以考虑找中介，或者自己直接出售。

10.2.1 中介（seller's agent / estate agent）

目前在海外，大部分的卖家还是找中介来帮助他们出售房屋的。对于人在国内或者外地的卖家，或者不了解手续过程的新手卖家，这也几乎是一个必选选项。找中介省时省力，而且可以获得更大的专业性和经纪公司团队网络的支持。

佣金大都由卖家支付。在美国，佣金一般较高，占房价成交价的6%，加拿大平均下来也差不多（在4%～6%之间）。在英国和澳大利亚，佣金一般较低，平均只占成交价的2%～3%。

当然，这个佣金比例也只是一般的约定俗成，有一些卖家中介愿意接受更低的佣金，或者愿意交易结束以后把一部分佣金返还给卖家，这些都是可以谈的。而佣金在买卖中介之间怎么分是双方中介互相协商决定的（可以是平分，也可以一方多分一些）。

选择中介的时候，不仅要看他的佣金，更重要的是他的能力，要像老板招聘员工那样找到一个"好中介"，可以从下面几个地方对一个或几个中介进行评估：

（1）他的从业经验？

（2）他对房屋所在地区／小区的熟悉程度的交易记录？

（3）他的收费如何？

（4）他的性格和沟通能力如何？

（5）他对你房子卖价的估价（可以同时比较多个中介的报价给自己一个参考，也不要过于相信最高的那个报价，有时候一些中介可能为了争取得到代理权而故意报高）。

（6）他是否很忙碌，手头上有好几个其他的单，以至于应接不暇？

（7）他提供的服务包括哪些？

（8）他是否有专业的摄影师为房子拍摄专业的挂牌照片，甚至提供网上3D 看房服务？

（9）他是否会举办 Open House，即房屋开放日，吸引更多的潜在买家？

（10）他是否会好几种语言（如果一个地方比较国际化的话）？

（11）他的网上评价如何？

可以看看候选中介过去代理过的一些房子的记录，包括宣传、照片，从挂牌到过户在市场上的时间（多人能把房子卖掉），成交价格和原始挂牌价的比较，是否加价、减价出售等。

中介可以只请一个，也可以请多个代理。要注意的是，有时候卖房中介签协议的时候会要求你同意"独家代理"的条款，这样你在协议指定的期限内只能聘请一家中介机构、个人，不能再找别人。一般来说大部分房子也只有一个卖家中介，只有少数豪宅可能会请两个不同的中介共同代理。

10.2.2 直接卖房

如果人在当地的话，也可以以房主的身份直接出售房子（For Sale By Owner），不一定需要通过中介。很多大型网站也可以让非经纪人的房主直接挂牌出售。

如果自己直接卖房，最大的好处是，可以省下一笔不算小的中介费用，比如在美国、加拿大一套一百万美元的房子就能省下 6 万美元，可以买辆车了。而自己做主和买家方面直接交流，也比较方便。

但自己直接卖房也有一定的缺点：

比如，有一些房地产网站只会刊登地产经纪列出的房源，这样一来，一些直接卖房的房源不少买家可能就会看不到，或者买家中介也不会向买家推荐房主直销的房子。这也是地产经纪们为了维护自身职业的一种保护措施，也没什么错。对于这样的情况，可以找一些中介，支付他们一笔小小的费用，让他们帮你在中介的网站上挂牌你的出售信息，让更多的买家看到。

此外，对于上班族或者比较忙碌的人们而言，如果有潜在买家需要来看房，那么你还要抽出时间带买家看房。如果有十几个，几十个潜在房客要求看房，那很容易忙不过来。而如果自己的语言不过关的话，还可能在各种交流中应接不暇、引起沟通不畅。

如果自己卖房的话，也可以像正常的中介卖房一样，在网上下载比较标准化的购房协议和买家签署，过户的时候找一个可靠的过户公司（Title Company）或者律师主持过户仪式。

10.3 怎样给你的房子定一个好价钱

在卖房之前，卖家大概都想了解的是他们的房子值多少钱，一般给房屋定价有下面几个方法。

❶ 比较法

"比较法"是后面提到的"中介建议"和"网站大数据"估值的基础，毕竟价格是由市场来定的。"比较法"采用的就是参考市场目前和最近几个月类似地段、房型、面积房子的交易金额，来估算某套房子的市场应售价格。

一般在买房之前，可以参考一下同小区、同户型的房子在过去 2～3 个月之内的成交价，以及目前其他类似房源的挂牌价。一般可以选取 5～6 个以上的房子作为参考。然后根据房子保养的好坏程度，装修的豪华程度，是否有景观等来进行一定的调整。

如果没有同一个小区的房源或者同户型同面积的房源出售，也可以选择同等地段、同等学区、同等档次类似面积的房子来参考，并按照卧室、卫生间的数目、面积等进行调整。如果一个市场比较有活力，一般不要选择 6 个月以上的房屋售价，因为那个过时的价格可能已经失去了参考价值。

❷ 中介估价师、建议

一般中介给房屋估值的基础也是前面提到的"市场比较"，可以让中介从他们的经纪人网站上找出一些待售房源相类似的房子的成交价。中介可能在选取类似房源上比新手更有经验，所以可以得到比较靠谱的估值。然后他们也可以用自己的经验根据房屋的具体位置、朝向、装修等进行调整。

不过也不用过分迷信中介的意见，有时候一套房子的成交价远远低于或者高出挂牌价的情况也是非常的常见：有时候是中介为了吸引更多的潜在买家故意挂了一个比市场价要低的价格，吸引眼球制造热度。有时候有些中介把房子的价格估高了以致房子一直无人问津，最后只能不断降价出售。

还可以请第三方独立的房价估价师对房价来进行一个评估，相比免费的中介估价，他们一般会收取一笔固定的费用，但比起中介会相对客观、中立一些。

❸ 网站、大数据

随着大数据的发展，很多利用大数据模型的网站都会给房屋进行自动的估价，也可以作为一种参考。只要你输入房子的地址，就能立刻看到电脑对你房屋的估值和估值范围。有时候一些网站还允许你对房屋估价进行一些微调，比如选择可比性的房屋，调整房屋的装修状况等，从而给出你更准确的估价。

每个网站都有自己的算法，所以可以用不同的网站进行估价，以获得一个区间。

值得一提的是，有些影响房价重要的因素，不一定都会反映在网站的估价模型里，所以真实的市场价和网站的估价有所出入也是很正常的：很多网站的估值都不会在模型里把海景房、湖景房考虑进去，但在实际生活中，水景房的价格常常可以比同类的非水景房售价多出一倍有余；或者有些房子采用的材料或者内装比周围豪华很多，由知名设计师设计，模型也不会考虑这些容易低估；又或者有些房子的内部非常老旧，或者靠着马路噪声嘈杂，这些影响房价的因素模型也很难计算进去。总体来说，这些网站更适合预测"大众化"的房屋。

免费在线房屋估价网站：

Zillow.com（美国）

Redfin.com（美国）

Zolo.ca（加拿大）

Housevalues.ca（加拿大）

Domain.com.au（澳大利亚）

Onthehouse.com.au（澳大利亚）

Propertyvalue.com.au（澳大利亚）

Zoopla.co.uk（英国）

Rightmove.co.uk（英国）

❹ 成本法

有时候房屋可以按照目前同地段同样大小新建住宅所需要的成本来估计，不过这种方法很少采用，因为市场价很少会是成本价，但也可以作为一个参考。

10.4 让房子卖得更好、更快的诀窍

因为在海外持有物业一般都需要支付维护费和地税等，所以空置房屋的成本代价比国内要高，大家都会想尽办法尽快以合适的价格出售自己的房子。

❶ 合理的定价

我记得在房地产行业有一句话叫作"没有卖不出去的房子，只有卖不出去的价格"，可见一个合理的定价是多么的重要。

一般来说，挂牌后的 1～2 周，是吸引潜在买家最重要的黄金时间，这时候一般会有较多的买家点击或者查看你的房屋，最好尽量在比较短的时间内吸引到买家给出意向。而在一个月以后，对你的房屋感兴趣的人会越来越少，也会有潜在买家认为如果你的房子还没有卖出去是不是有什么问题，从而会要求大幅降价。

如果一开始房价过高导致黄金时间无人问津的话，过一段时间可能就需要降价，但这时候对房子感兴趣的买家已经减少了，有时候越降价一些买家就越观望，如此进入一个"降价—观望—降价"的恶性循环，导致最后的成交价格比起正常定价的市场价还要低不少，令人可惜。

在比较热门的市场，有时候可以把定价定的比实际估价稍低，吸引更多的买家，这样潜在买家看到了很多的"竞争者"以后，或许会给出更高的报

价。而在不那么热门的市场，也可以按照市场价附近进行定价，也给自己预留一些可以讨价还价的余地。

❷ 准备、美化房屋

在海外出售房屋，一般房主都会在准备出售房屋之前，好好清理、美化一下房子，这样能吸引更多的潜在买家。而当买家来实地看房，或者经纪人举办公开参观日的时候，也会给潜在买家一个更好的印象，吸引更多的人气。

一般来说至少要把家里的杂物和太过具有生活气息的食品、化妆品拿走或藏起来，让房子更加干净整洁，可以好好清扫一下。

可以请国外比较流行的一个工种 home stager（房屋摆设陈列师）来帮忙美化装扮房屋，让它更符合大众买家的审美。当然，也可以自己装饰，但最好不要太过个性化和繁复，简单、大方、舒适、美观就可以了。

而如果房子有一些小问题或者需要翻新的装修，比如刷新墙面，翻新厨房和卫生间等，也应该及时做，不需要太豪华，但要看上去更加现代和美观。

当然，如果什么都不想改动，也可以在售房声明中写上："Sold As Is"（按现状出售），可以给潜在买家们一个心理预期。

❸ 好照片的重要性

擅长摄影的经纪人，或者花一些小钱请一个摄影师来为房子拍摄一组好照片，还可以适当对照片进行修饰，一般来说，挂牌中有十张以上清晰，美观的图片，可以让买房者留下良好的第一印象，更有兴趣来看房出价。

❹ 选择对的时机挂牌也很重要

在美国、加拿大、澳大利亚和英国买房卖房都是有季节性的，有淡季也有旺季。淡季和旺季一般和节日、气候、孩子的开学日期等因素有关。

旺季的时候一般买家、卖家都比较多，房子流动性比较快，也能卖出比较高的价格。而淡季的时候买家、卖家都相对比较少，价格一般也在当年的低点。

旺季一般在孩子们开学之前，这样买家买了房子以后不影响孩子入学、转学，天气也比较好，以 5 ～ 8 月份为主。

淡季一般在冬季，有些地方天气冷，大冷天想要买房、卖房、搬家的也少，而且很多欧美的传统节日都在冬季，很多人要和家人团聚或者外出旅行，所以买家、卖家都少，一般每年 12 月～次年 2 月都是房子成交价比较低的时候。

而澳大利亚由于在南半球，北半球 1 ～ 2 月的冬天反而是那里的"夏天"，很暖和，所以那些月份并不是淡季，反而可能是旺季。

当然，同一个国家里不同的地区，受到季节性的影响也可能不同。

10.5 请诚实地填写卖家的披露

卖房的时候，一般都需要填写一个"卖家披露"，里面会要求你列出待售房屋所包含的内容，比如是否包括电器等。而如果房屋曾经有过漏水或者其他虫害之类的历史，即使修好了，也应该诚实的披露，并说明是否已经修好。

有一些地区的政府还规定卖家必须披露房屋里是否有有害物质，比如"石棉""铅"等，也应该如实回答，如果不清楚就应该说"不清楚"。

关于不同国家卖家披露的要求，我们在第 6 章"获得卖家披露"中已有详细的解释，这里不再赘述。

10.6 与买家的双赢谈判

如果有买家对房子比较满意，一般就会自己或者通过买家中介递交出价意向书（offer），里面会提到买家愿意支付的价格以及一些付约条款等。

作为卖家，阅读了出价意向书，并且查看了买家证明自己有实力购买房屋的相关文件（比如银行贷款预批信，或者全款买房的存款证明）以后，你可以在好几份意向书里"择优录取"，或者对于一份意向书来决定是否接受、拒绝或者给出再协商的选择。

其中"再协商"可以是讨价还价，也可以要求买家去掉一些保护性条款，或者和买家商讨是否需要附赠家具、家电等，直到双方都满意为止。

如果最后买家给出了一个你同意接受的购买意向以后，可以共同签署购买合约，并让买家把意向金存入托管公司，这样过户程序就开始启动。

一般在签署合约以后，卖家还会有一段时间正式获得贷款，也有几天的窗口请验房师验房的权利，在这段时候如果遇到了一些问题，买家有一些保护性条款的话还可以选择全身而退，或者和你沟通，这时候就又是一轮新的谈判了。

如果一切顺利，那么就好好准备搬家和打扫房子，和买家约一个时间，等待过户。

10.7 卖家交易的税与费

如果你顺利地出手了你的房子，那么恭喜你。

不过，要注意的是，作为卖家，最后到手的钱并不是购买意向达成一致的金额，因为要扣除掉一部分的费用。那么我们看看，在不同的国家，卖家大概需要支付哪些常见费用呢？

	美国	加拿大	澳大利亚	英国
盈利增值税（Capital Gain Tax）	个人 0%/15%/20% 有豁免及优惠	15%～33% 不等 有豁免及优惠，50% 收益计税等	24%～45% 不等 有豁免及优惠，50% 收益计税等	个人 18%/28% 有豁免及优惠
交易费用	成交价的 6%～10%	成交价的 4%～6%	成交价的 3%～4%	成交价的 2%～3%
其他	搬家费、装修美化费	搬家费、装修美化费	搬家费、装修美化费	搬家费、装修美化费

10.7.1 美国

在美国，卖家的成本费用包含以下内容：

❶ 交易费用

中介费（commission）：一般占成交价的 6%，也就是一套 100 万美元的房子一般需要出 6 万美元，可谈。

转让税（sales transfer / excise tax）：一般占成交价 0.1%～2%，不同地区有所不同，一套 100 万美元的房子需要几千美元。一般转让税由卖家支付，但也是可以协商的。

产权保险费（title insurance）：是卖家提供给买家的保险，一般 1000～5000 美元不等。

托管费（escrow fees）：一般 500～2000 美元。

过户费（closing fee）：一般 1000 美元（产权公司收取的费用，和律师作用类似）。

律师费（legal fee）：几百到上千美元。

其他杂费：一般上千美元。

平均下来，一套房卖家所支付的过户费用（包含中介费），占房价的 6%～10%。过户之前，托管公司或者律师都会帮你计算最后所需要支付的交易费用，从卖房收益里扣除。

❷ 房屋整修、翻新、美化费（renovation / staging）

从几千美元到数十万美元不等，看房屋大小和豪华程度了。

❸ 搬家费（moving）

从几十到上千不等。

❹ 资本利得税（capital gain tax）

如果卖房获利，那么一般需要缴纳资本利得税。但有很多豁免条约，包括自住房、房屋收益、翻修成本等。所以实际上很多人卖自住房盈利都不需要交税。

对于外国人而言，美国的"外国人投资房地产税法"（FIRPTA）授权美国在房屋由外国人出售时必须预扣缴 15% 的所得税，在报税以后可以退税。

10.7.2 加拿大

在加拿大，卖家的成本费用包含以下内容：

❶ 交易费用

中介费（commission）：一般占成交价的 3% ～ 7%。

律师费（legal）：500 到上千加币。

如果这套房有贷款，提前归还贷款银行有可能会收取几百加币的罚金（early repayment penalty）。

平均下来，一套房卖家所支付的过户费用（包含中介费），占房价的 4% ～ 6%。此外还有房屋翻新美化费用和搬家费等。

❷ 资本利得税（capital gain tax）

在加拿大，如果卖的是自住房，那么卖房获益不需要缴纳资本利得税。

但非加拿大公民、永久居民，或者加拿大公民出售投资房，则需要缴纳资本利得税。

10.7.3　澳大利亚

在澳大利亚，卖家的成本费用包含以下内容：

❶ 交易费用

中介费（commission）：一般占成交价的2%～3%。

市场推广费（marketing / advertising）：有时候中介会建议卖家宣传、推广房子，比如刊登广告、做宣传牌等，这笔钱通常由卖家额外支付，一般几百到几千澳币不等。

律师费（legal / conveyancer / solicitor fee）：500～1000澳币。

如果这套房有贷款，提前归还贷款银行有可能会收取几百澳币的罚金。

平均下来，一套房卖家所支付的过户费用（包含中介费），占房价的3%～4%。此外还有房屋翻新美化费用（几千到几万澳币）和搬家费等。

❷ 资本利得税（capital gain tax / CGT）

在澳大利亚，公民、永久居民、外国人都需要缴纳资本利得税。但会有一些豁免条件，比如自住房的资本利得税可以免交；或者公民、居民如果持有投资房一年，则利润部分只有50%需要计入税中（外国人没有这个优惠）等。

10.7.4　英国

在英国，卖家的成本费用包含这些

❶ 交易费用

中介费（estate agent fee）：中介佣金在英国也是由卖家出的，一般占房价的1%～3%之间，然后外加20%的增值税（VAT）。

律师费（Solicitor / Conveyer Fee）：和买家一样，卖家也应该请律师来协助交易，一般 500～1500 英镑，再加上 20% 的增值税（VAT）。

能源效率证书（Energy Performance Certificate, EPC）：在英国，卖家在卖房或者房东把房子出租之前，需要获得能源效率证书。能源证书里包括对于该房屋能源消耗和电暖费支出的评估，以及一些怎样改善让房屋更节能的建议，这个证书会对房屋的能源效率有一个评级，从 A（最节能）到 G（最浪费能源）分为几档。能源证书需要有相关资质的审核员来对房屋进行考评发证，一般获得一份证书的成本在 100 英镑左右。

平均下来，一套房卖家所支付的过户费用（包含中介费），占房价的 2%～3%。此外还有房屋翻新美化费用和搬家费等。

❷ 资本利得税（Capital Gain Tax）

如果在英国卖房子赚了钱，卖出的是自住房，则盈利不需要交税。如果卖出的是投资房、出租房，则一般对于收益部分（减去豁免额度后）需要缴纳资本利得税，但卖家对于房屋的改造装修等开销，还有律师费中介费，都可以算在成本里，降低需要缴税的金额。

10.8 结语

感谢您读完了本书，也恭喜您经历了从买房到卖房的过程，对于海外置业是不是更有信心了呢？祝您早日买到喜欢的房子，入住理想的家，谢谢。

读 者 意 见 反 馈 表

亲爱的读者：

感谢您对中国铁道出版社的支持，您的建议是我们不断改进工作的信息来源，您的需求是我们不断开拓创新的基础。为了更好地服务读者，出版更多的精品图书，希望您能在百忙之中抽出时间填写这份意见反馈表发给我们。随书纸制表格请在填好后剪下寄到：北京市西城区右安门西街8号中国铁道出版社综合编辑部 张亚慧 收（邮编：100054 ）。或者采用传真（ 010-63549458 ）方式发送。此外，读者也可以直接通过电子邮件把意见反馈给我们，E-mail地址是：lampard@vip.163.com。我们将选出意见中肯的热心读者，赠送本社的其他图书作为奖励。同时，我们将充分考虑您的意见和建议，并尽可能地给您满意的答复。谢谢！

- -

所购书名：_____

个人资料：

姓名：_____ 性别：_____ 年龄：_____ 文化程度：_____

职业：_____ 电话：_____ E-mail：_____

通信地址：_____ 邮编：_____

- -

您是如何得知本书的：

□书店宣传 □网络宣传 □展会促销 □出版社图书目录 □老师指定 □杂志、报纸等的介绍 □别人推荐
□其他（请指明）_____

您从何处得到本书的：

□书店 □邮购 □商场、超市等卖场 □图书销售的网站 □培训学校 □其他

影响您购买本书的因素（可多选）：

□内容实用 □价格合理 □装帧设计精美 □带多媒体教学光盘 □优惠促销 □书评广告 □出版社知名度
□作者名气 □工作、生活和学习的需要 □其他

您对本书封面设计的满意程度：

□很满意 □比较满意 □一般 □不满意 □改进建议

您对本书的总体满意程度：

从文字的角度 □很满意 □比较满意 □一般 □不满意
从技术的角度 □很满意 □比较满意 □一般 □不满意

您希望书中图的比例是多少：

□少量的图片辅以大量的文字 □图文比例相当 □大量的图片辅以少量的文字

您希望本书的定价是多少：

本书最令您满意的是：

1.

2.

您在使用本书时遇到哪些困难：

1.

2.

您希望本书在哪些方面进行改进：

1.

2.

您需要购买哪些方面的图书？对我社现有图书有什么好的建议？

您更喜欢阅读哪些类型和层次的理财类书籍（可多选）？

□入门类 □精通类 □综合类 □问答类 □图解类 □查询手册类

您在学习计算机的过程中有什么困难？

您的其他要求：